Petra Dietz
Eva-Grit Schneider

Mein Zwergkaninchen *zu Hause*

Inhaltsverzeichnis

Vorwort

Große Kulleraugen, süße Ohren und ein entzückendes Stupsnäschen. Zwergkaninchen machen es Tierfreunden leicht, sie in ihr Herz zu schließen. Dabei überzeugen die kleinen Hoppler nicht nur durch ihr niedliches Aussehen. Auch ihr munteres und intelligentes Wesen machen sie zu einem idealen Hausgenossen für Groß und Klein. Kein Wunder also, dass das Zwergkaninchen eines der beliebtesten Heimtiere ist. Doch das possierliche Aussehen darf nicht darüber hinwegtäuschen, dass Zwergkaninchen kein Spielzeug sind, sondern sensible Lebewesen, die mit Respekt und Verständnis behandelt werden müssen.

Zwergkaninchen sind gesellige und intelligente Tiere. Damit die kleinen Mümmelmänner auch rundum zufrieden sind, brauchen sie eine artgerechte Haltung und viel Zuwendung. Ausreichender Auslauf und sanfte Streicheleinheiten sind ein Muss. Das Herz eines Zwergkaninchens erobern Sie nicht im Sturm. Lassen Sie dem Tierchen Zeit, sich an Sie zu gewöhnen. Nach und nach verliert es die Scheu vor dem riesigen Zweibeiner und belohnt Sie für Ihre Geduld mit zärtlicher Zutraulichkeit.

Haustiere machen uns Menschen glücklich. Ihre Anwesenheit wirkt sich positiv auf unsere Seele und sogar unseren Körper aus. Wir sollten dafür dankbar sein und den Tieren ein liebvolles Zuhause bieten. Dieser Ratgeber hilft Ihnen dabei, Ansprüche, Ängste und Verhalten Ihres hoppelnden Hausgenossen besser zu verstehen.

» **Wer kann diesen süßen Mümmelmännern widerstehen?**

Naturgeschichte der Zwergkaninchen

» Auch dieser Wonneproppen hat wilde Vorfahren.

Systematik

Wer sein Zwergkaninchen als niedlichen Nager bezeichnet, tut dem Tierchen Unrecht. Kaninchen haben abgesehen von ihren nachwachsenden Schneidezähnen mit den Nagetieren nicht viel gemeinsam. Zwergkaninchen gehören der Ordnung der Hasentiere (Lagomorpha) an und sind Mitglied der Familie der Hasenartigen (Leporidae). Überraschend: Alle Hasentiere sind mit den Huftieren verwandt. Eine Verbindung, die nicht gleich ins Auge fällt. Nagetiere hingegen sind Verwandte der Primaten.

» Kaum zu glauben: Zwergkaninchen sind mit den Huftieren verwandt.

Der Name lässt es vermuten: Zwergkaninchen – und übrigens auch alle anderen Hauskaninchenrassen – stammen vom europäischen Wildkaninchen ab. Durch Züchtung entstanden dann die heutigen zahlreichen Kaninchenrassen, unter anderem auch die Zwergkaninchen (Farbenzwerge). Die domestizierten Verwandten des Wildkaninchens sind heute in zahlreichen Haushalten zu finden. Und für jeden Kaninchenfreund ist etwas dabei: Vom ein Kilo leichten Farbzwerg bis hin zum über sieben Kilo schweren deutschen Riesenkaninchen.

Zwergkaninchen gibt es in zahlreichen „Ausführungen". Die Rassenvielfalt ist zahlreich. Das Fell kann kurz, lang, glatt oder wuschelig sein und beeindruckt den Kaninchenfreund mit unterschiedlichsten Farbschlägen und Zeichnungen: Von Strahlendweiß über Birkenstammfarben bis hin zu Kohlrabenschwarz bleibt kein Farbwunsch offen. Selbst die Form der Ohren kann variieren, denn die stehohrigen Mümmelmänner haben schlappohrige Konkurrenz bekommen: die Widder. Diese Kaninchen zeichnen sich durch ihre langen, hängenden Ohren (Behang) aus. Auch hier gibt es große Rassen mit stattlichem Gewicht, aber auch zarte Widderzwerge.

Das weibliche Kaninchen wird von Züchtern meist als Zibbe und das männliche als Bock bezeichnet. In der Jägersprache hingegen heißt das Kaninchenweibchen Häsin und das Männchen Rammler.

Das Gewicht eines Zwergkaninchens kann zwischen 0,7 und 2,5 Kilo liegen und ist von der Rasse abhängig. Die Lebenserwartung liegt bei sechs bis zehn Jahren. Auch hier spielt die Rasse eine Rolle. Überzüchtete Zwergkaninchenrassen sind oft krankheitsanfälliger und haben eine kürzere Lebenserwartung. Mischlinge sind meist robuster und können bis zu 12 Jahre alt werden.

» **Vor der Anschaffung bedenken: So ein Zwerg kann 12 Jahre alt werden.**

Zwergkaninchen sind ganz schön „frühreif". Sie sind bereits nach drei bis fünf Lebensmonaten fortpflanzungsfähig. Nach einer Tragezeit von ungefähr 28 bis 33 Tagen bringt ein Zwergkaninchenweibchen ihre Jungen zur Welt. Ein Wurf besteht in der Regel aus etwa zwei bis acht Jungen. Selten, aber möglich sind auch Würfe mit bis zu 14 Jungen.

Systematik Kaninchen

Klasse:	**Säugetiere (*Mammalia*)**
Unterklasse:	**Höhere Säuger (*Eutheria*)**
Ordnung:	**Hasentiere (*Lagomorpha*)**
Familie:	**Hasenartige (*Leporidae*)**
	mit 10 Gattungen und 44 Arten

Rassen

Kaninchenliebhaber haben die Qual der Wahl. Über 150 anerkannte Kaninchenrassen gibt es heute. Für reinrassige Kaninchen gelten strenge Kriterien. So wird zum Beispiel bei Farbenzwergen nicht nur auf Größe und Fell geachtet, sondern auf Körper- und Kopfform sowie auf Stellung und Länge der Ohren (Löffel). In Zoohandlungen finden Sie jedoch nur selten reinrassige Zwerge. Dort tummeln sich meist die etwas größeren Mischlinge, die man auch als farbige Zwergkaninchen bezeichnet. Sie sind für Züchtungen und Ausstellungen zwar nicht geeignet, aber weisen dafür auch seltener Überzüchtungsmerkmale auf, wie zum Beispiel Zahnfehlstellungen. Und ganz klar ist: Mischlinge sind genauso liebenswert wie ihre reinrassigen Verwandten.

Geschichte

Ob stattliches Stallkaninchen oder zierliches Zwergkaninchen, sie alle stammen vom europäischen Wildkaninchen ab (*Oryctolagus cuniculus*). Wichtig ist die Bezeichnung „Kaninchen", denn häufig werden die Begriffe Hase und Kaninchen verwechselt. Diese Arten sind zwar miteinander verwandt, weisen aber auch einige wesentliche Unterschiede in Aussehen und Verhalten auf. So sind Hasen Nestflüchter, Kaninchen sind Nesthocker. Hasen können bis zu sieben Kilo schwer werden, die zierlicheren Wildkaninchen hingegen nur etwa zwei Kilo. Diese beiden Hasentiere können sich auch nicht paaren, dafür ist ihr Erbgut zu unterschiedlich. Außerdem sind Hasen immer „wild", sie kommen nur in der freien Natur vor. Was wir heute zum Streicheln oder auch zum Essen halten und züchten, sind alles Nachkommen des Wildkaninchens.

» **Ob wild oder zahm – alle Kaninchen lieben frisches Gemüse.**

Der wilde Verwandte

Das europäische Wildkaninchen verbringt einen Großteil seines Lebens in unterirdischen, selbst gegrabenen Bauten, die mit Gängen untereinander verbunden sind. Die schnellen Hoppler sind ganz schön anpassungsfähig. Sie leben im Wald, auf Feldern oder Wiesen und fühlen sich auch in unseren Gärten wohl. Wildkaninchen können etwa 35 bis 45 cm lang werden und wiegen etwa ein bis zwei Kilogramm. Sie haben ein braun-graues (wildfarbiges) Fell, das ihnen eine perfekte Tarnung vor ihren Feinden (z.B. Greifvögel, Fuchs, Marder oder den Menschen) bietet. Nur die Bauchunterseite und das niedliche Stummelschwänzchen sind hell. Der auffällig weiße Wildkaninchenschwanz wird in der Jägersprache übrigens als „Blume" bezeichnet. Ist das Tier aufgeregt, z.B. aus Angst oder Erregung, wird die „Blume" hochgestellt und dient den Artgenossen als gut sichtbares Alarmsignal.

Die wilden Kaninchen sind im Gegensatz zu den Hasen äußerst gesellige Tiere. Sie leben in großen Familien und schließen sich nochmals mit mehren Familienbänden zu regelrechten Kolonien zusammen. Wildkaninchen sind besonders zu Dämmerungszeiten aktiv und ernähren sich von Gras und Pflanzen, verschmähen allerdings auch nicht von Menschenhand gezogenes Gemüse und Getreide. Ein Grund warum Bauern und (Hobby-) Gärtner von den süßen Tierchen nicht unbedingt angetan sind.
Die europäischen Wildkaninchen vermehren sich bei einem ausreichendem Nahrungsangebot prächtig. Bis zu sechs Würfe in einem Jahr sind möglich. Dabei gebären die Weibchen zwischen fünf und 12 Junge. Die Kleinen kommen nackt und blind zur Welt (Nesthocker), sind jedoch bereits nach etwa vier Wochen selbständig und nach etwa drei bis fünf Monaten geschlechtsreif.

» Groß, klein, kurzhaarig, langmähnig. Bei mehr als 150 Kaninchenrassen hat man die Qual der Wahl.

» Geschätzt wurden Kaninchen bei uns bereits im Mittelalter – als Leckerbissen und Felllieferant.

Wie aus Wildkaninchen Haustiere wurden

Die wilden Ahnen unserer domestizierten Kaninchen kamen ursprünglich aus Spanien und Portugal. Bereits in der Antike wurde das Wildkaninchen geschätzt. Allerdings nur als Leckerbissen. Historiker glauben, dass die Römer auf ihren Eroberungszügen die gefangenen Kaninchen als Lebensmittelvorrat mit in andere Länder nahmen. Dort verbreiteten sich entlaufene oder freigelassene Wildkaninchen in Windeseile. Über Handelswege gelangten sie nach Amerika, Asien und sogar nach Australien, wo sie sich zu einer regelrechten Plage entwickelten.

Im Mittelalter ging man dazu über, die gefangenen Kaninchen nach bestimmten Merkmalen zu züchten. Bei uns gab es die ersten Kaninchenzüchtungen wahrscheinlich in Klöstern. Denn Mönchen war es in der sonst so kargen Fastenzeit gestattet, neugeborene Kaninchen zu verzehren. Später fand man Kaninchen auch an Fürstenhöfen. Dort wurden sie zum Verzehr gehalten oder als Jagdobjekt ausgesetzt. Die frei gelassenen Tiere nutzen ihre Freiheit und vermehrten sich prächtig.

Man schätzte jedoch nicht nur das Fleisch der Tiere, sondern auch ihr Fell. Da man für Mäntel und Umhänge bevorzugt einheitliche Farbschläge verarbeitete, begann man mit der Züchtung von ausgewählten Kaninchen. Zuchtkriterium war Fellfarbe und Größe. Dass die süßen Hoppler mehr sein können als Nahrung und Felllieferant, entdeckte man jedoch erst ein paar Jahrhunderte später. Anfang des 20. Jahrhunderts ging man dazu über, auch kleinere Hauskaninchenarten zu züchten, die man dann nicht mehr als Nutz, sondern als Streicheltier hielt.

Überlegungen vor dem Kauf

Zwergkaninchen sind gesellige Tiere und leiden in Einzelhaltung.

Für wen sind Zwergkaninchen geeignet?

Es ist nicht schwer, sich in diese bezaubernden Tierchen zu verlieben. Kein Wunder, dass das Zwergkaninchen eines der beliebtesten Heimtiere ist. Zwergkaninchen darf man in der Wohnung halten, und sie sind auch für „Heimtieranfänger" geeignet. Klären Sie bereits vor der Anschaffung, ob Sie oder ein Familienmitglied vielleicht unter einer Tierhaarallergie leiden. Das erspart Ihnen und dem Tier später viel Leid. Nicht selten landen Zwergkaninchen aufgrund einer Allergie im Tierheim.

Jedes Haustier bedeutet Freude, aber auch Zeitaufwand. Ein kleines Zwergkaninchen hat so seine Ansprüche. Wichtig ist, dass das Tier gut versorgt wird. Dazu gehört eine artgerechte Haltung, die richtige Pflege, Ernährung – und viel Liebe. Zwergkaninchen brauchen Auslauf, Abwechslung und Zuwendung. Wer sich mit seinem Zwergkaninchen ausreichend beschäftigt, wird mit Zutraulichkeit und manchmal mit einem freundlichen Nasenstupser belohnt. Jeder, der sich ein Zwergkaninchen anschafft, sollte wissen, dass sich diese Heimtiere nicht zum rabiaten Herumtollen eignen. Zwergkaninchen sind Fluchttiere und schätzen eine raue Behandlung ganz und gar nicht. Das macht ihnen Angst und belastet das Vertrauen zu den Zweibeinern. Zwergkaninchen sind Gruppentiere und sollten möglichst nicht einzeln gehalten werden. Ein Tier, das den ganzen Tag alleine in seinem kleinen Käfig sitzt, wird schnell vereinsamen und ist auch krankheitsanfälliger.

Käfighaltung alleine reicht nicht. Zwergkaninchen brauchen regelmäßig Auslauf.

Bedenken Sie, dass Sie mit der Anschaffung eines Haustieres eine jahrelange Verantwortung tragen. Die niedlichen Zwergkaninchen können leicht acht bis zehn Jahre oder sogar noch älter werden. Neben diesen Aspekten, sollten Sie sich auch Gedanken über einen „Kaninchensitter" machen. Wer kümmert sich um das Tier, wenn Sie verreisen oder vielleicht ins Krankenhaus müssen? Am besten klären Sie das rechtzeitig ab und zeigen Sie den „Pflegeltern", worauf sie bei der Betreuung Ihres Lieblings zu achten haben.

» Ein Heimtier ist kein Spielzeug.

Sind Zwergkaninchen kindertauglich?

Die niedlichen Zwergkaninchen lassen Kinderherzen dahinschmelzen. Und genau das kann zu einem Problem werden. Die putzigen Tierchen ähneln zwar kuscheligen Stofftieren, doch es sind lebendige und sensible Lebewesen. Zwergkaninchen, wie übrigens alle Tiere, sind kein Spielzeug und gehören nur in die Hände von verantwortungsvollen Kindern. Für Kinder ab dem achten Lebensjahr können die süßen Heimtiere allerdings ideale Gefährten sein. Denn die Mini-Kaninchen sind gesellig und mögen es (meistens), wenn sie gestreichelt und liebkost werden. Außerdem sind sie tagaktiv, was unserem Lebensrhythmus sehr entgegenkommt. Im Gegensatz zu vielen anderen Heimtieren haben Sie bei den kleinen Mümmelmännern auch gute Chancen, dass sie stubenrein werden. Wichtig ist, dass die Kinder und natürlich auch die Erwachsenen das Tier respektieren. Wenn Ihr hoppelnder Liebling Ihnen signalisiert, dass er seine Ruhe haben will, müssen Sie und Ihre Kinder das akzeptieren.

» Eine gemischte Kaninchentruppe ist ideal. Die Männchen sollten aber kastriert sein, sonst gibt es ruckzuck Nachwuchs.

Worauf man bei der Anschaffung achten sollte

Besser zweisam statt einsam

Kaninchen sind von Natur aus Gruppentiere. In Einzelhaltung können sie regelrecht depressiv werden. Deshalb sollte man sich vor der Anschaffung dieses Heimtieres überlegen, ob man sich nicht vielleicht gleich zwei Zwergkaninchen zulegt. Die Arbeit ist die gleiche, sie machen ja schließlich nur einen Käfig sauber. Wichtig ist, dass der Käfig oder Stall groß genug ist. Ideal: Die Tiere kommen aus einem Wurf. Es ist sehr schwierig, ältere Tiere gleichen Geschlechts aneinander zu gewöhnen. Weibchen untereinander können ganz schön biestig werden. Wenn Sie zwei Männchen halten wollen, sollten Sie beide kastrieren lassen. Das macht sie umgänglicher und die „Jungs" markieren nicht mehr ihr Revier mit Urin. Zwar wird es zunächst ein paar Reiberein geben, aber nach einiger Zeit ist die Rangordnung festgelegt, und es kehrt meist Ruhe ein. Die wenigsten Schwierigkeiten gibt es mit einem Weibchen und einem Männchen. Die beiden kommen in der Regel hervorragend miteinander aus. Damit das Zusammenleben ohne Folgen bleibt, sollte der Kaninchenbock kastriert werden, es sei denn natürlich, Sie wünschen sich hoppelnden Nachwuchs.

Noch ein Wort zur Kastration: Männliche Kaninchen können bereits mit etwa zwei Monaten kastriert werden. Aber man sollte sich überlegen, ob man einem so kleinen Lebewesen die Strapazen der Narkose und Operation zumuten möchte. Warten Sie bis zum dritten oder vierten Lebensmonat, bevor Sie ihren Liebling zum Tierarzt bringen.

» **Eine gemischte Kaninchentruppe ist ideal. Die Männchen sollten aber kastriert sein, sonst gibt es ruckzuck Nachwuchs.**

Auswahlkriterien

Zoofachgeschäft

Zwergkaninchen, die Sie im Fachgeschäft erwerben, sind oft keine reinrassigen Zwerge. Doch wenn Sie Ihr Tier nicht züchten oder ausstellen möchten, ist auch ein süßer Mischling ein ideales Heimtier. Achten Sie jedoch auf die Haltung der Tiere. Käfige und Tiere sollten sauber sein. Durchnässte Kloecken, gammelige Futtereste und verschmutzte Tiere (besonders Afterregion) deuten auf eine mangelhafte Haltung hin. Leider kann das zur Folge haben, dass dadurch auch der Gesundheitszustand der Tiere beeinträchtigt wird. Informieren Sie sich über das Geschlecht Ihres zukünftigen Hausgenossen. Lassen Sie sich nicht mit Sätzen wie „In dem Alter lässt sich das noch nicht erkennen" abspeisen. Normalerweise werden Jungtiere ab etwa der sechsten Lebenswoche von ihrer Mutter getrennt, und in diesem Alter lassen sich die Geschlechtsmerkmale bereits erkennen.

Züchter

Der Kauf bei einem Züchter hat den Vorteil, dass man sich persönlich von der (artgerechten) Haltung der Zwergkaninchen überzeugen kann. Aber auch hier sollte man Tiere und Unterbringung genau inspizieren. Denn auch unter Züchtern gibt es schwarze Schafe. Alter und Geschlecht der Kaninchen sind den Züchtern in der Regel bekannt, und wer mehrere Tiere kaufen möchte, hat die Möglichkeit, sich Geschwister aus einem Wurf auszusuchen. Erwerben können Sie die Tiere bei Hobbyzüchtern oder „Profis". Letztere züchten reinrassige Zwerge und besuchen mit ihren (prämierten) Tieren auch Ausstellungen. Hobbyzüchter annoncieren in Zeitungen und im Internet. Auskünfte über professionelle Züchteradressen erteilt der Zentralverband der Deutschen Kaninchenzüchter.

» **Im Tierheim warten viele kleine Mümmelmänner auf ein neues Zuhause.**

Tierheim

Es müssen ja nicht immer Jungtiere sein. Ein ausgewachsenes Zwergkaninchen aus dem Tierheim freut sich ganz besonders über ein neues, liebevolles Zuhause. Informieren Sie sich bei dem Pfleger über Geschlecht, Kastration und Krankheiten. Nehmen Sie sich Zeit und suchen Sie sich ein Tier aus, das zu Ihnen „passt". In Tierheimen warten, scheue, anhängliche, verschmuste und aufgeweckte Zwergkaninchen auf eine zweite Chance.

Privat

Nicht selten kommt es bei Zwergkaninchenhaltern zu unerwünschtem und ungeplantem Nachwuchs. Diese Jungtiere werden über Zeitung oder Internet angeboten. Da die Halter mit den Tierchen meist kein Geld machen möchten, sondern nur ein schönes Zuhause für die Kleinen suchen, sind diese Zwergkaninchen recht günstig.

Gesundheitscheckliste für die Anschaffung eines Zwergkaninchens

Ein ruhiges Zwergkaninchen, das apathisch in der Ecke hockt, könnte krank sein. Ein gesundes Kaninchen ist neugierig, aufmerksam und sollte auf Aktionen, zum Beispiel auf einen Leckerbissen, reagieren. Wichtige Hinweise auf den Gesundheitszustand eines Tieres liefert sein äußeres Erscheinungsbild.

» Ein gesundes Kaninchen hat klare, strahlende Augen.

Merkmale eines gesunden Kaninchens sind:
Klare, strahlende und nichttränende Augen. Glänzendes und glattes Fell, das keine kahlen Stellen aufweist. Die Ohren sollten sauber und nicht entzündet sein. Die Schneidezähne müssen vor die unteren Vorderzähnen greifen und dürfen nicht zu lang sein. Ist die Blume (Afterregion) des Kaninchens verschmutzt, kann das auf eine Durchfallerkrankung hindeuten.

Männchen oder Weibchen – Geschlechtsmerkmale

In der Regel sind die Jungkaninchen sechs Wochen alt, wenn sie abgegeben werden. In diesem Alter sind die Geschlechtsmerkmale bereits zu erkennen. Wenn Sie wissen möchten, ob Ihr ausgewähltes Tier ein Männchen oder Weibchen ist, nehmen Sie es behutsam hoch und legen es auf Ihrem Schoß sanft auf den Rücken. Ziehen Sie dann die Bauchdecke des Tieres ganz leicht nach oben. Bei einem Weibchen können Sie jetzt einen kleinen Schlitz und darunter einen Punkt (After) erkennen. Ein Männchen hingegen hat eine kleine punktförmige Öffnung oberhalb des Afters, wo sich nach leichtem Fingerdruck ein winziger Penis zeigt. Im Alter von etwa vier Monaten sind bei den (nicht kastrierten) männlichen Tieren dann auch die Hoden sichtbar. Wenn Sie sich mehrere Kaninchen anschaffen möchten, sollten Sie sich für ein Männchen und ein Weibchen entscheiden.

INFOBOX

Zwerg oder Riese?

Man kauft ein junges Zwergkaninchen und wundert sich, dass es immer größer wird. Plötzlich hat man einen stattlichen Riesen in einem viel zu kleinen Käfig. Leider passiert es immer wieder, dass Kaninchen als vermeintliche Zwergkaninchen verkauft werden. Damit es keine Überraschungen gibt, sollten Sie Folgendes beachten: Der Kopf des Tieres sollte möglichst rundlich und nicht langgezogen sein. Umso kleiner die Öhrchen im Verhältnis zur Kopfgröße sind, desto kleinwüchsiger ist auch später das ausgewachsene Tier.

Die schlappohrigen Widder gelten als besonders sanftmütig.

Welches Tier passt zu mir?

Bevor Sie sich ein Zwergkaninchen anschaffen, sollten Sie wissen, dass bestimmte Rassen aufgrund intensiver Fellpflege etwas mehr Zeit in Anspruch nehmen als andere. Dazu gehören die Angorazwergkaninchen. Sie zeichnen sich durch ihr langes Haarkleid aus. Abhängig von der Rasse kann das lange Fell wuschelig (z.B. beim Löwenkopfangorazwergkaninchen) oder auch glatt sein. Wer den Zeitaufwand nicht scheut, hat sicher viel Freude an seinem hübschen, langhaarigen Hausgenossen.

Wie wäre es mit einem süßen Schlappohr? Viele Zwergkaninchenbesitzer und -züchter behaupten, dass Widderzwergkaninchen einen besonders sanftmütigen Charakter haben. Sie sind nicht so schreckhaft wie ihre stehorigen Artgenossen und sehen mit ihren langen herabhängenden Ohren ganz schön putzig aus. Auch Widderkaninchen gibt es als Kurzhaar- oder Angorazwergkaninchen.

Bei einer Neuanschaffung sollten Sie sich überlegen, ob Sie sich ein Männchen, Weibchen oder sogar beides anschaffen möchten. Das ist für die gemeinsame Haltung nicht ganz unwichtig. Weibchen untereinander können ganz schön biestig werden. Scheinschwangerschaften können auftreten. Männchen untereinander und in Kombination mit Weibchen sollten kastriert werden. Das gibt weniger Ärger und schützt natürlich auch vor unerwünschtem Nachwuchs.

Bei einem süßen Wuschel ist regelmäßige Fellpflege ein Muss.

ERFOLGSTIPP

Kaninchen sind Gruppentiere. Schaffen Sie sich aus Liebe zum Tier gleich ein Hoppel-Paar an. Ideal hierfür wäre die Kombination aus Weibchen und kastriertem Männchen.

» **Meerschweinchen können mit Zwergkaninchen gehalten werden, die Tiere brauchen jedoch ausreichend Platz, um sich aus dem Weg gehen zu können.**

Mein Zwergkaninchen und andere Tiere

Meerschweinchen

Viele Heimtierbesitzer halten Meerschweinchen und Zwergkaninchen gemeinsam in einem Käfig. Da beide Tierarten eine ähnliche Lebensweise haben, ist dies auch möglich. Wichtig ist, dass die Tiere in ihrem Käfig ausreichend Platz haben, damit sie sich auch aus dem Weg gehen können. Dennoch kann es zu Auseinandersetzungen zwischen dem Nager und dem Hasentier kommen. Prinzipiell ist zu sagen, dass ein Meerschweinchen kein adäquater Ersatz für ein anderes Zwergkaninchen ist. Wenn Sie bereit sind, sich mehrere Tiere anzuschaffen, sollten Sie Ihrem Kaninchen ein zweites Zwergkaninchen gönnen. Die geselligen Tiere fühlen sich nun mal unter ihresgleichen am wohlsten.

Hunde und Katzen

Zwergkaninchen sind Fluchttiere und dementsprechend schreckhaft. Sie mögen es ganz und gar nicht, wenn sie von einem Hund oder einer Katze gescheucht werden. Ein hoppelndes Kaninchen kann nun mal auch in dem friedfertigsten Hund Jagdgefühle wecken. Selbst ein Hund, der von kleinauf an den hoppelnden Hausgenossen gewöhnt ist, kann unter Umständen seine „Beherrschung“ verlieren und zuschnappen. Deshalb sollte man Hund und Kaninchen möglichst nur unter Aufsicht zusammen lassen. Auch Katzen sind eingefleischte Jäger und können gerade für junge Kaninchen eine tödliche Bedrohung darstellen. Ausgewachsene Zwergkaninchen sind zwar etwas widerstandsfähiger, doch auch sie haben den scharfen Krallen einer Katze nichts entgegenzusetzen. Auch wenn Ihre Katze oder Ihr Hund lammfromm sind, sollten Sie wissen, dass selbst harmloses Spielen für das Zwergkaninchen tödlich enden kann. Denn das Kaninchen kann Spiel und Ernst nicht unbedingt unterscheiden, und es besteht die Gefahr, dass es in seiner Todesangst einen Herzinfarkt erleidet.

Vögel

So lange Sie keinen Greifvogel halten, stellt Ihr Piepmatz keine Bedrohung für ein Zwergkaninchen dar. Allerdings können Vögel Ihr Kaninchen auf Dauer stressen. Eine permanente Geräuschkulisse, und dazu gehört auch melodisches Zwitschern, empfinden Kaninchen als unangenehm.

Was kostet ein Zwergkaninchen?

Zunächst einmal kostet so ein hoppelnder Hausgenosse Zeit und Liebe, aber natürlich auch Geld. Die Ausgaben beginnen bei der Anschaffung. Mischlinge aus einer Zoohandlung sind sicherlich günstiger als ein reinrassiger Zwerg vom Züchter. Doch auch hier gibt es wiederum Unterschiede, Hobbyzüchter geben ihre meist günstiger ab als die professionellen Züchter. Auch Zwergkaninchen aus einem Tierheim sind verständlicherweise nicht „umsonst“, der Interessent muss eine Schutzgebühr entrichten. Neben den einmaligen Anschaffungskosten kommen dann noch Ausgaben für den Käfig bzw. den Stall, das Futter und den Tierarzt (z.B. Impfungen, Behandlungen, Kastration) hinzu.

» **Ein Meerschweinchen ist kein Ersatz für ein anderes Kaninchen.**

Eingewöhnung

Anschaffung, Käfig, Tierarzt, Futter – auch kleine Tiere kosten Geld.

Der Transport

Wenn Ihr Zwergkaninchen seinen Weg ins neue Heim antritt, sollte das für das Tierchen möglichst stressfrei ablaufen. Besorgen Sie sich vor dem Kauf einen geeigneten Karton oder noch besser eine Transportbox (z.B. einen Katzenkorb), die können Sie später auch für Tierarztbesuche nutzen. Für welches Behältnis Sie sich auch entscheiden, es muss sicher zu verschließen sein, über ausreichend Luftlöcher verfügen und sollte unbedingt stark abgedunkelt werden. In der Dunkelheit fühlen sich die Tiere sicherer und geraten nicht so schnell in Panik. Begeben Sie sich mit Ihrem neuen Liebling auf dem schnellsten Weg nach Hause, muten Sie dem sensiblen Zwerg keinen längeren Transport zu als unbedingt notwendig.

Diese Box bietet Schutz und Sicherheit. Dennoch sollte die Reise ins neue Heim so kurz wie möglich sein. Zu Hause angekommen, braucht der kleine Kerl erst mal etwas Ruhe, um sich einzugewöhnen.

» Ein tolles Versteck,
aber als Transportmittel ungeeignet.

Haltung

OPTIMALE HANDHABUNG

Heimtieranfänger sind oft etwas hilflos, wenn es um das richtige Tragen und Halten ihres neuen Lieblings geht. Wichtig ist, dass Sie das Tier fest im Griff haben, denn das Kaninchen kann sich unter Umständen heftig gegen das Tragen wehren. Solch eine Abwehrreaktion kann dazu führen, dass es runterfällt und sich dabei verletzt. Ziehen Sie Ihren niedlichen Zwerg auf keinen Fall an den Löffeln hoch. Packen Sie das Zwergkaninchen mit einer Hand am Nackenfell und stützen Sie mit der anderen Hand das Hinterteil des Kleinen. Dann sollten Sie das Tier leicht gegen den Körper drücken, um ihm ein Gefühl von Nähe zu vermitteln. Selbst wenn das Kaninchen versuchen sollte, jetzt Reißaus zu nehmen, haben Sie ja immer noch eine Hand im Nacken, mit der Sie das Tier sicher fixieren können.

Willkommen im neuen Zuhause

Bevor Ihr plüschiger Mitbewohner einzieht, sollte das Zwergkaninchenzuhause, ob nun Käfig oder Stall, bereits artgerecht eingerichtet sein. Verständlicherweise möchte jetzt jeder gerne das neue „Familienmitglied" in Augenschein nehmen. Doch lassen Sie dem Tier jetzt ausreichend Zeit, sich an die ungewohnte Umgebung zu gewöhnen und den Transportstress zu verarbeiten. Nach etwa zwei bis drei Stunden können Sie sich neben den Käfig setzen und leise mit dem Zwergkaninchen reden. Wenn Sie das Tier streicheln möchten, dann bitte nur im Käfig. Es dauert etwas, bis das Kaninchen so viel Vertrauen zu Ihnen hat, dass es gerne auf den Arm genommen wird. Hastige Bewegungen und laute Geräusche schüchtern das Tierchen ein. Achten Sie darauf, dass sich Kinder nicht gleich auf ihren haarigen Freund stürzen. Mit dem ersten Auslauf sollten Sie ein paar Tage warten. Wenn Sie den frei herumlaufenden Hoppler wieder einfangen, vermeiden Sie bitte ein langes Herumscheuchen. Das jagt dem Kaninchen nur eine Heidenangst ein und belastet das Vertrauensverhältnis zwischen Vier- und Zweibeiner.

Außen- oder Innenhaltung?

Sie können Ihr Zwergkaninchen draußen oder drinnen halten. Wichtig ist bei der Außenhaltung nur eine entsprechende Eingewöhnung. Einen Zwerg, der Innenhaltung gewöhnt ist, können Sie im Winter nicht einfach nach draußen setzen. Warten Sie mit der Umstellung bis zum Frühjahr. Dann passt sich der Fellwechsel dem Jahreszeitenwechsel an und das Tier wird beim nächsten Winter durch ein dichteres Haarkleid besser geschützt. Dennoch sollten Sie auch bei Außenhaltung zusätzlich einen Innenkäfig besitzen. Denn bei strenger Kälte oder Krankheit sollte Ihr Zwergkaninchen wieder reingeholt werden. Kommt es für längere Zeit in die Wohnung, muss das Zwergkaninchen aus Anpassungsgründen auch bis zum Frühjahr drinnen bleiben.

ERFOLGSTIPP

Ziehen Sie Ihr Zwergkaninchen nie an den Ohren hoch. Eine Hand sollte das lockere Nackenfell fest halten, die andere Hand stützt das Hinterteil.

ERFOLGSTIPP

Lärm- und Geruchsbelästigung mögen die Zwerge gar nicht. Dafür sind ihre Sinnesorgane zu sensibel. Platzieren Sie den Käfig also nicht gerade neben Fernseher oder Küchenherd.

Käfigstandort

Bei der Suche nach dem idealen Käfigstandort gibt es einiges zu bedenken: Lassen Sie Ihr Kaninchen an Ihrem Leben teilnehmen. Zwar mögen die Tiere keine Hektik, aber Isolation ebenso wenig. Suchen Sie ein schönes, helles Plätzchen aus, wo es mitbekommt, was sich da draußen in der Menschenwelt so tut. Der Käfig sollte weder im Durchzug, noch zu nahe an einer Heizung stehen. Wenn Sie die Wohnung lüften möchten, sollten Sie darauf achten, dass das Zwergkaninchen keiner Zugluft ausgesetzt wird. Die sensiblen Tiere reagieren darauf oft mit einer Erkältung. Schützen Sie das Zwergkaninchen aber auch vor direkter Sonnenbestrahlung, damit der kleine Körper nicht überhitzt wird. Wichtig: Zwergkaninchen haben einen ausgeprägten Geruchssinn und sollten Küchengerüchen und Nikotingestank nicht ausgesetzt werden.

Der Käfig: Je größer, desto besser

Zwergkaninchen sind ganz schön aktiv. Die flinken Mümmelmänner brauchen ein Zuhause, in dem sie sich breit machen können. Die Grundfläche des Käfigs sollte mindestens 90 x 60 oder 100 x 50 cm betragen. Da die neugierigen Mümmelmänner sich gerne auf die Hinterpfoten stellen, um ihre Umgebung besser im Auge zu haben, sollten die Wände der Unterbringung entsprechend hoch sein (ca. 50 cm). Kleiner als die angegebenen Maße sollte ein Zwergkaninchenzuhause nicht sein, größer darf es natürlich sein, vor allem wenn Sie mehrere Tiere halten. Ideal sind Käfige, die nicht nur von oben, sondern auch von der Seite geöffnet werden können. So können freilaufende Tiere nach Lust und Laune rein und raus hoppeln. Außerdem erreichen sie so bei ihrem „Freigang“ auch problemlos ihre Kloecke - und das liegt auch sicher in Ihrem Interesse.

» Ein gemischtes Doppel braucht Platz, damit sich die Tiere auch mal aus dem Weg gehen können.

Was das Material angeht, sollten Sie wenn möglich auf geschlossene Vollkunststoffkäfige verzichten. Sicherlich haben Sie dadurch weniger Dreck auf dem Boden, doch Ihrem Tier tun Sie einen großen Gefallen, wenn Sie sich für den klassischen Gitterkäfig oder eine Behausung Marke Eigenbau entscheiden. Achten Sie bei vergitterten Käfigen darauf, dass die Stäbe beschichtet sind, denn die Zwergkaninchen knabbern hier und da auch mal an ihrer Behausung. Wer handwerklich begabt ist, kann seinem Hoppel, Muckel oder Floppy selbst ein kleines Traumhaus bauen. Der Vorteil ist, dass Sie Extras einbauen können, wie etwa Höhlen, Gänge etc. Achten Sie darauf, dass Sie nur unschädliche Materialen verwenden.

» **Auch die eigene Behausung wird gerne angeknabbert. Achten Sie auf beschichtete Gitterstäbe.**

INFOBOX

Haben Sie ein Zwergkaninchen, das jedes Mal in Panik verfällt, wenn Sie es durch die obere Käfigöffnung herausnehmen möchten? Das hat seinen guten Grund: Wenn Sie das Kaninchen ruckartig von oben packen, ähneln Sie in Ihrem Verhalten einem Raubvogel, der vom Himmel hinab auf seine Beute stürzt. Besser: Bevor Sie das Tier herausnehmen, sollten Sie es an Ihrer Hand schnuppern lassen. Packen Sie es erst dann und vermeiden Sie dabei hektische Bewegungen. Wenn Sie einen Käfig mit „Seiteneingang" besitzen, sollten Sie Ihr Mini-Kaninchen dort hinausbefördern – vorrausgesetzt, der Käfig ist dafür hoch genug.

» **Ein Stall Marke Eigenbau ist prima. Doch sollte er etwas einfallsreicher eingerichtet sein als dieser hier. Wichtig: Jedes Tier braucht seine eigne Rückzugsmöglichkeit (z.B. ein Häuschen).**

Außenstall: Draußen bei Wind und Wetter

Wenn Sie Ihr Zwergkaninchen rechtzeitig daran gewöhnen im Freien zu leben, können Sie es problemlos draußen halten. Setzen Sie den Zwerg bereits im Frühjahr, spätestens im Sommer nach draußen, dann hat er genügend Zeit, sich den Klimaverhältnissen anzupassen. Das heißt, er legt sich ein kuscheliges Winterfell zu. Dennoch ist er bei der Außenhaltung Wind, Sonne, Regen und Kälte ausgesetzt. Damit Ihr Zwergkaninchen diese Umwelteinflüsse unbeschadet übersteht, sollten Sie Folgendes bedenken: Suchen Sie für Ihren kleinen Liebling einen wind- und regengeschützten Platz aus. Der Stall sollte aus Holz und isoliert (z.B. mit Styropor) sein. Achten Sie dabei auf unschädliche Imprägnierungen. Damit Ihr Tier keinem Räuber zu Opfer fällt (z.B. Marder), sollte der Käfig entsprechend robust gebaut sein.

Sollte der Stall nicht an einem überdachten Platz stehen, benötigen Sie ein abgeschrägtes Dach, an dem das Regenwasser abfließen kann. Zusätzlich können Sie einen Plastikvorhang anbringen, den sie bei niedrigen Temperaturen oder heftigem Regen zuziehen können. Die Größe des Zwergenheims sollte der eines Innenkäfigs entsprechen. Bei der Gestaltung sind der Fantasie fast keine Grenzen gesetzt, schließlich sind Sie der Bauherr. Konstruieren Sie z.B. eine schicke Behausung über zwei Etagen. Achten Sie nur darauf, dass Sie keinen unnötigen Schnörkel einbauen, an dem sich Ihr Tier verletzen kann.

Damit das Kaninchen es gemütlich und warm hat, muss immer reichlich Stroh ausgestreut werden, in das sich das Tier einkuscheln kann. Auch eine kleine Holzhütte innerhalb des Käfigs als Rückzugsmöglichkeit sollte gegeben sein. Bei starker Kälte legen Sie am besten eine Decke vor den Käfig. Da im Winter die Möglichkeit besteht, dass das Wasser in einer Trinkflasche gefriert und der Behälter platzt, müssen Sie Ihrem Zwergkaninchen das Wasser in einer schweren Schale geben. Wechseln Sie das Wasser zweimal täglich, damit es nicht einfriert und nicht allzu sehr verschmutzt.

Bei Kälte sorgt Stroh für kuschelige Wärme.

WICHTIG

Heimtiere, die draußen leben verlieren schneller den Kontakt zum Menschen. Das heißt, sie werden unter Umständen scheuer. Krankheiten fallen nicht so schnell auf. Beobachten Sie Ihr Tier, damit Ihnen Symptome wie z.B. Appetitlosigkeit oder Fellveränderungen nicht entgehen.

Eine Heuraufe ist ideal für die kleinen Mümmelmänner, damit sie das Futter nicht als Schlafplatz nutzen.

Käfigausstattung

Egal ob Außen- oder Innenhaltung, Ihr Zwergkaninchen benötigt einiges an „Mobiliar“. Bevor Sie mit der Einrichtung beginnen, müssen Sie Einstreu auslegen. Als Futterzubehör benötigen Sie Näpfe für Grünfutter und Heu. Ideal ist eine Heuraufe. Es gibt Raufen, die aufgestellt oder am Käfig befestigen werden können, so kann Ihr Zwerg sich nicht mehr in sein „Essen“ legen. Zusätzlich brauchen Sie eine Schale für das Trockenfutter. Verwenden Sie dafür keine leichten Kunststoffbehälter. Denn wenn die Kleinen sich mit ihren Pfoten darauf stellen, kippen Plastiknäpfe schnell um. Außerdem halten Sie nicht lange den übermütigen Attacken stand, die ganz gerne mal mit ihrem Essgeschirr spielen.
Setzen Sie den Zwergen Futterschalen aus schwerem Porzellan oder Ton vor.

Massive Futternäpfe kann man nicht so leicht umschmeißen.

Je nachdem, wie viele Tiere Sie haben, sollten Sie ein bis zwei Trinkspender an den Gittern anbringen. Diese Trinkflaschen eignen sich besonders gut, da darin das Wasser nicht so schnell verschmutzen kann und es nicht zum Spielen einlädt. Stellen Sie Ihrem Zwergkaninchen täglich genügend frisches Wasser zur Verfügung (täglich 400 bis 500 ml Wasser).

Dieses wildfarbene Zwergkaninchen freut sich über sauberes Wasser aus dem Trinkspender.

Zusätzlich zu Futter und Wasser sollten Sie Ihrem munteren Mümmelmann einen Salzleckstein besorgen, um eventuellen Salz- und Mineralmangel auszugleichen. Das Tier nutzt den Stein instinktiv nur bei Bedarf.

Ein Salzleckstein wird gerne angenommen

Setzen Sie eine Schutzhütte in den Käfig, die nicht zuviel Platz einnimmt, aber groß genug ist, um sich darin zu verstecken. Achten Sie darauf, dass das Häuschen aus nichtschädlichem Material besteht. Wenn Sie mehrere Tiere haben, sollte jedes seine eigene Hütte haben. Sonst gibt es Krach.

GUT ZU WISSEN

Zubehör, Futter und Einstreu erhalten Sie im Zoofachhandel oder beim Züchter. Stroh können Sie sich frisch beim Bauern besorgen. Vielleicht haben Sie irgendwo noch ein trockenes Plätzchen, wo Sie einen Ballen lagern können. Gebrauchtes Zubehör, wie etwa Käfig, Näpfe, Trinkspender etc. finden Sie in Anzeigenblättern oder im Internet. Bevor Sie diese Secondhand-Artikel Ihrem kleinen Freund vorsetzen, sollten diese gründlichst gereinigt und desinfiziert werden.

Kaninchen schätzen ein sauberes Zuhause.

Käfigreinigung

Kaninchen sind sehr reinlich, und ein dreckiges Zuhause schätzen sie gar nicht. Deshalb sollten Sie ein- bis zweimal wöchentlich einen kompletten „Wohnungsputz" durchführen. Dazu gehört das Auswechseln der Einstreu und das Auswaschen der Unterschale. Verzichten Sie auf Reinigungs- oder Desinfektionsmittel, heißes Wasser reicht völlig. Urinstein können Sie mit Essigsäure entfernen, danach müssen Sie aber gründlich den Boden abspülen. Beim großen Käfigputz sollten Sie auch Näpfe und Trinkflasche säubern. Hin und wieder sollten Sie auch die Käfiggitter reinigen, da diese mit der Zeit verschmutzen. Spritzen Sie sie in der Badewanne oder draußen mit einem Schlauch ab. Kaninchen suchen sich in ihrer Behausung eine Klo-ecke aus, in der sie ständig urinieren. Diesen Bereich müssen Sie unbedingt mehrmals in der Woche reinigen. Ist die Ecke nass, entfernen Sie den Einstreu und ersetzen ihn durch frischen, denn eine dreckige Toilette benutzt auch ein Kaninchen nicht gerne. Wichtig: Vergessen Sie beim Reinigen nicht die Schlupfwinkel Ihres Zwerges. „Höhlen", Häuschen etc. müssen ebenfalls regelmäßig gereinigt und wieder eingestreut werden.

» **Beim Hausputz Futterschalen nicht vergessen.**

REINIGUNGSPLAN

» Täglich:

Durchnässte Einstreu gegen neue austauschen. Dreckiges und altes (Grün-) Futter gegen frisches austauschen. Frisches Trinkwasser geben.

» Ein- bis zweimal wöchentlich:

Einstreu komplett wechseln, Unterschale und Futterutensilien sorgfältig reinigen

» Monatlich:

Häuschen und Gitterkäfige (Oberteil) reinigen

» **Auch Höhlen und Häuschen müssen regelmäßig gereinigt werden.**

GUT ZU WISSEN

Nutzen Sie als Einstreu eine Streu-Stroh-Kombination. Streuen Sie zuerst die Kleintierstreu (Weichholzspäne) ein, um Nässe und Geruch aufzunehmen und geben Sie darüber eine Lage Stroh. Das Stroh hält Ihr Zwergkaninchen trocken, und dieses kann auch noch daran knabbern. Außerdem macht es weniger Dreck, da es nicht so leicht am Kaninchen hängen bleibt und sich damit auch nicht in der ganzen Wohnung verteilt.

» Auf Stroh kann man prima schlafen – und auch noch daran knabbern.

Auslauf: Freigang für Mümmelmänner

Die Zwerge sind ganz schön neugierig. Machen Sie Ihre Wohnung unbedingt kaninchensicher.

In der Wohnung

Zwergkaninchen sind ganz schön aktiv und sie dürfen auf keinen Fall nur in ihrem Käfig gehalten werden. Egal wie groß das Kaninchenheim auch sein mag, das Tier braucht Auslauf. In der Wohnung werden die Zwerge erst mal alles erkunden. Sie sind von Natur aus neugierig und nehmen alles genau unter die Lupe. Deshalb sollte vor dem ersten Freigang alles kaninchensicher gemacht werden. Abgesehen davon, dass Sie sich bestimmt nicht über angeknabberte Kabel freuen, können solche Nageattacken für Mensch und Tier gefährlich werden. Um das Mini-Kaninchen zu beschäftigen und von unliebsamen Knabbereien abzuhalten, sollten Sie das Tier unterhalten. Bauen Sie einen kleinen Hindernisparcours auf (siehe Freizeitgestaltung) und bieten Sie ihm genügend ungefährlichen Nagespaß.

ERFOLGSTIPP

- Zwergkaninchen sind ganz schön aktiv und brauchen viel Bewegung – im und außerhalb des Käfigs. Gönnen Sie Ihrem Liebling täglich mindestens ein bis zwei Stunden Auslauf.
- Machen Sie den Auslaufbereich kaninchensicher. Das heißt, Kabel müssen hochgelegt oder geschützt werden, giftige Pflanzen und gefährliche Gegenstände entfernt werden.
- Kaninchen sind Fluchttiere. Lange Hetzjagden oder abrupte Bewegungen von oben (Raubvogelgriff) schätzen sie gar nicht. Das macht ihnen Angst und belastet das Verhältnis zum Zweibeiner.

ERFOLGSTIPP

Stellen Sie Ihrem Zwergkaninchen immer artgerechten Knabberspaß zur Verfügung. Damit schlagen Sie gleich drei Fliegen mit einer Klappe: Die permanent nachwachsenden Schneidezähnen werden abgerieben. Das Tier wird artgerecht beschäftigt. Tapeten, Stuhlbeine und Schranktüren werden (manchmal) geschont.

» **In solch einem Gehege sollten die Kleinen nicht unbeaufsichtigt mümmeln. Da es nach oben offen ist, bietet es nur wenig Schutz vor Feinden.**

Haltung im Garten oder auf dem Balkon

Das ist für ein Kaninchen ein toller Spaß: In freier Natur nach Herzenslust umherzuhoppeln und sein Näschen in die frische Luft zu halten. Ganz so viel Freiheit dürfen Sie Ihrem Tier leider nicht gönnen. Denn wenn es irgendwo eine Fluchtmöglichkeit in ihrem Außengehege gibt, findet ihn das clevere Zwergkaninchen ganz sicher. Deshalb muss der Auslaufbereich ausbruch- aber auch einbruchsicher sein. Einbruchsicher heißt, dass Sie Ihr Tier vor Räubern schützen müssen. Deshalb sollte das Gehege auch von oben gesichert sein, um Mardern, Hunden oder Greifvögeln keinen Zugang zu einer leichten Beute zu verschaffen.

Auch wenn Ihr Zwergkaninchen nur für ein paar Stunden täglich draußen rumhoppelt, würde es sich über eine Rückzugsmöglichkeit, wie eine robuste Schutzhütte freuen. Bei plötzlich einsetzendem Regen, kann es dort dann Unterschlupf finden. Bitte schützen Sie Ihr Tier auch vor starker, direkter Sonnenbestrahlung. An heißen Tagen muss das Zwergkaninchen im Schatten stehen bzw. Sie müssen einen Sonnenschutz anbringen. Bedenken Sie dabei, dass die Sonne wandert und sich damit auch die Sonneinstrahlung ändert.

Wenn Sie Ihr Tier auf dem Balkon frei laufen lassen möchten, schützen Sie es auch hier vor Raubvögeln. Zusätzlich müssen Sie auch den Balkon absolut fluchtsicher machen, damit Ihr neugieriges Haustier nicht vom Balkon stürzt.

Sommerferien im Grünen

Natürlich können die süßen Mümmelmänner auch den ganzen Sommer draußen bleiben. Dann reicht aber ein einfaches Auslaufgehege nicht mehr aus. Zusätzlich braucht das Tier eine eingestreute Schutzhütte, bei dem es sich bei Wind und Wetter zurückziehen kann. Schließlich hat auch der Sommer mal ein paar fiese Regentage. Achten Sie beim Bau oder Kauf der Hütte darauf, dass sie der Anzahl Ihrer Tiere entspricht. Das Außengehege muss wie ein Käfig eingerichtet werden. Und dass Sie auch draußen regelmäßig das Gehege reinigen müssen, versteht sich von selbst.

GUT ZU WISSEN

Draußen und drinnen können giftige Pflanzen Ihrem neugierigen und nagenden Freund großen Schaden anrichten. Um Vergiftungen zu vermeiden, sollten Sie grundsätzlich so platzieren, dass Ihr Zwergkaninchen nicht drankommt. Achten Sie auch draußen darauf, dass der Hoppel keinen Zugang zu Büschen und Blumen hat, ausgenommen sind die üblichen Wiesenleckerein, wie z.B. Gras, Klee (in Maßen) und Löwenzahn.

Erziehung

» **Gut erzogen:**
Mit viel Geduld können Sie Ihr Kaninchen an ein Katzenklo gewöhnen.

Stubenreinheit

Die meisten Kaninchen werden relativ schnell stubenrein. Denn sie mögen es in ihrem Bau gerne sauber und ordentlich. Die Tiere suchen für ihr „Geschäft“ meist immer die gleiche Ecke auf. Das können Sie ausnutzen: Stellen Sie für die Auslaufzeiten eine Toilette für Ihr Zwergkaninchen auf, zum Beispiel ein Katzenklo (nur die Unterschale). Je nachdem, wie weitläufig der Auslaufbereich in Ihrer Wohnung ist, sollten Sie vielleicht gleich mehrere Toiletten aufstellen. Die Toilette legen Sie am besten mit Zeitungspapier und Kleintierstreu zum Aufsaugen aus. Darüber geben Sie noch eine Lage Stroh, um die Toilette für das Zwergkaninchen noch etwas attraktiver zu gestalten. Jetzt können Sie natürlich nicht erwarten, dass Ihr Zwerg gleich die bereitgestellten Kaninchenklos aufsucht. Sie müssen Ihrem kleinen Freund jedoch zunächst zeigen, welchen Nutzen diese komischen Dinger haben. Stellen Sie die Schale in eine Ecke, in der das Kaninchen uriniert. Beobachten Sie Ihr Kaninchen. Wenn es seine Blume anhebt, sollten Sie es packen und gleich in die Toilette setzen. Wenn das Malheur bereits passiert sein sollte, heben Sie den Zwerg in sein Kaninchen-WC. Anschließend loben Sie es und belohnen das Kerlchen mit einem kleinen Leckerchen. Es lässt sich hier und da sicher nicht vermeiden, dass das Tier seinen Kot hinterlässt. Kehren Sie diese Kügelchen auf und werfen Sie sie ebenfalls in die Toilettenschale. Nach drei bis vier Wochen weiß Ihr Kaninchen „wie der Hase läuft“ und benutzt in der Regel sein Kaninchen-WC.

GUT ZU WISSEN

Auch wenn Kaninchen sehr reinlich sind, so sind es doch keine Katzen. Sie müssen damit rechnen, dass hier und da mal etwas daneben geht. Selbst wenn das Fall der sein sollte, dürfen Sie auf keinen Fall Ihr Zwergkaninchen anschreien oder womöglich bestrafen. Es weiß ja nicht, dass es etwas „Unrechtes" getan hat. Solch ein ungerechtes Verhalten Ihrerseits könnte das Vertrauensverhältnis zwischen Mensch und Haustier empfindlich stören.

ERFOLGSTIPP

Sorgen Sie für ein sauberes Zwergenheim. Kaninchen sind sehr reinliche Tiere und können sogar stubenrein werden.

Knabbern

Das Annagen von allen möglichen und auch unmöglichen Sachen ist eine notwendige Lieblingsbeschäftigung der Kaninchen. Sie müssen nagen, damit sich ihre permanent nachwachsenden Schneidezähne auch abnutzen, und es nicht zu Zahnfehlstellungen kommt. Doch wenn der Mümmelmann ein Kabel anknabbert, kann das für Mensch und Tier gefährlich werden. Deshalb müssen alle Kabel im Auslaufbereich so verlegt werden, dass das Zwergkaninchen nicht rankommt. Bei Möbeln und Tapete wird das schwierig. Versuchen Sie es hier mit Erziehung. Jedes Mal, wenn Ihr Hoppel an etwas „Verbotenem" knabbert, reagieren Sie mit einem lauten und energischen „Nein" und setzen das Tier woanders hin. Doch Zwergkaninchen haben ihren eigenen Kopf. Und es kann sein, dass Sie mit Ihren Verboten auf taube Löffel stoßen. Aber ein Versuch ist das Kaninchentraining alle Male wert. Es berichtet so mancher Zwergkaninchenhalter von erstaunlichen Erziehungserfolgen. Bieten Sie Ihrem Zwerg auf jeden Fall ausreichend erlaubtes Knabberzeugs an, wie beispielsweise eine Nagestange oder ungespritzte Äste.

» **Kaninchen müssen nagen. Sorgen Sie für gesunden und abwechslungsreichen Knabberspaß.**

Verhalten

So „reden“ Zwergkaninchen

Auch wenn man es kaum glauben mag, unsere aufgeweckten Mümmelmänner verfügen über eine reichhaltige Ausdrucksweise. Auch wenn Sie nicht reden, schnurren oder bellen können, sind sie doch in der Lage, Stimmungen und Bedürfnisse zu vermitteln. Vielleicht hilft Ihnen unsere „Übersetzung“, die Kaninchensprache besser zu verstehen.

≫ Auch Kaninchen können reden – man muss nur richtig zuhören.

Lautsprache

Brummen beim Liebkosen:
Ihr Hoppel fühlt sich kaninchenwohl.

Abgehacktes Meckern:
Der Zwerg ist schlecht gelaunt und motzt, weil ihm etwas nicht passt. Dieses Geräusch bekommen Sie zum Beispiel zu hören, wenn Sie einen widerwilligen Zwerg einfangen möchten.

Schreien:
Ein Geräusch, das durch Mark und Bein geht. In Todesangst und bei Schmerzen stößt ein Kaninchen ein erschütterndes Kreischen aus.

Fauchen und Knurren:
Das ist leicht. Ihr putziger Zwerg ist stinksauer. Aber er ist so fair und warnt sie zumindest. Sollten Sie diese Warnung ignorieren müssen Sie damit rechnen, dass der Kleine zubeißt.

Zähneknirschen:
Dass ist meist ein Krankheitsanzeichen, vor allem wenn es dabei apathisch in der Ecke sitzt. Bringen Sie Ihr Zwergkaninchen zur Sicherheit zum Arzt.

ERFOLGSTIPP

Lernen Sie die „Kaninchensprache“. Wer Laute und Verhalten seines tierischen Hausgenossen versteht, versteht auch seine Bedürfnisse.

ERFOLGSTIPP

Die meisten Zwergkaninchen schmusen gerne. Geben Sie dem Kerlchen also die Streicheleinheiten, die ihm zustehen. Aber: Zwingen Sie dem Tier nicht Ihre Zuwendung auf. Bleibt er liegen und genießt die Zärtlichkeiten? Wunderbar, machen Sie weiter. Läuft er davon oder stupst energisch Ihre Hand weg? Dann müssen Sie seinen Wunsch nach Ruhe respektieren!

Körpersprache

Mit den Hinterläufen trommeln: Das ist ein Alarmsignal für seine Kaninchenkumpel. Aber auch Tiere, die solo gehalten werden trommeln, wenn sie sich erschrecken oder aufregen. Das Trommeln kann aber auch ein Warnsignal an den Zweibeiner sein und heißt übersetzt: „Lass mich jetzt besser in Ruhe."

Zartes Anstupsen mit dem Näschen:
Freuen Sie sich. Der Zwerg mag sie und verlangt seine Streicheleinheiten.

Heftiges Wegstupsen:
Jetzt sollten Sie ihn nicht liebkosen.
Ihr Zwergkaninchen will seine Ruhe haben.

Ducken:
Das Tierchen legt sich flach auf den Boden und legt die Löffel an. Es will sich ganz klein und unscheinbar machen, weil es vor etwas Angst hat.

Lockeres Sitzen:
Alles klar. Der Zwerg ruht sich aus und ist entspannt.

Seitenlage:
Wenn sich Ihr süßer Mümmelmann der Länge nach ausstreckt und seitlich hinlegt, geht's ihm richtig prima. Er relaxt und genießt sein tolles Kaninchenleben.

Wälzen: Wunderbar. Siehe Seitenlage.

Männchen machen:
Kaninchen sind schrecklich neugierig.
Und wenn sich auf die Hinterbeinchen stellen, haben sie einen besseren Überblick über ihr kleines Reich.

Ablecken:
Wenn Ihr Zwergkaninchen Sie ableckt, dürfen Sie stolz sein. Das ist ein Liebesbeweis.

▸ INFOBOX

Zwergkaninchen legen ein für den Menschen merkwürdiges Verhalten an den Tag: Sie fressen ihren Kot. Allerdings handelt es sich dabei um den hellen, weichen Blinddarmkot. Dieser enthält Vitamin K und Vitamine der Gruppe B.
Diese Vitamine sind für die Tiere lebensnotwendig. Es besteht also kein Grund zur Besorgnis. Ihr kotfressender Zwerg ist nicht verhaltensgestört. Ganz im Gegenteil, er ist völlig normal und tut seiner Gesundheit instinktiv etwas Gutes.

» Ein sanfter Nasenstupser ist ein Liebesbeweis.

Spiel und Spaß

Verstecken

Wildkaninchen leben teilweise in Höhlenbauten, dort fühlen sich geborgen. Bauen oder kaufen Sie Ihrem Liebling eine Hütte. Eine für den Käfig, und wenn vorhanden, auch gleich einen wetterfesten Unterschlupf für den Gartenauslauf. Auch ausgehöhlte Baumstämme eignen sich ideal als Kaninchenrückzug. Alternativ oder zusätzlich können Sie auch ein Brett anbringen, das so hoch ist, dass sich das Kaninchen darunter kuscheln kann und so niedrig, dass der Zwerg darauf sitzen und herumlaufen kann. Für was auch immer Sie sich entscheiden, rechnen Sie damit, dass es angeknabbert wird. Aber das ist ja nun mal Kaninchenart, und besser es nagt an seiner Hütte als an Ihren Möbeln.

» Kaninchen lieben solche Verstecke.

» Achten Sie darauf, dass jedes Tier sein eigenes Häuschen hat, sonst gibt's Ärger.

Knabbern

Wir wissen zwar, dass das Zwergkaninchen kein Nagetier ist, aber dennoch nagt es für sein Leben gern. Außerdem schleift es so seine permanent nachwachsenden Zähne ab. Dafür sollten Sie ihm auch genügend „Knabberzeug" bereitstellen, wie zum Beispiel ein Nagestein, Äste oder auch hartes, trockenes Brot. Je mehr Nagespaß Sie ihm bieten, desto geringer wird die Gefahr, dass sich Ihr hoppelndes Heimtier beim täglichen Auslauf an der Wohnungseinrichtung vergreift.

» In dieser Sandkiste können die kleinen Hoppler super buddeln und graben.

Buddeln

Über eine kleine Sandkiste zum Buddeln und Graben freut sich Ihr Zwergkaninchen ganz sicher. Vorausgesetzt natürlich, dass der Käfig dafür groß genug ist. Auch eine kleine Papprohre wird von den Tieren gerne angenommen. Ideal ist es, wenn diese ausgelegt ist, zum Beispiel mit Stroh. Dann kann der Zwerg ganz nach Wildkaninchenart in seiner Höhle buddeln.

Hürdenlauf

Kaninchen sind schnelle Läufer. Da sie von Natur aus Fluchttiere sind, kann so ein Sprint ihr Leben retten. Auch in der Wohnung oder im Außenlauf lieben es die Zwerge nach Herzenslust zu rennen. Am liebsten nehmen sie dabei diverse Hürden. Bauen Sie Ihrem Liebling einen kleinen Kaninchenparcours, etwas zum Drüberspringen oder Drunterkriechen. Animieren Sie Ihr Zwergkaninchen zum Hürden-Hoppeln mit einem Leckerbissen. Dann macht das Springen noch mehr Spaß. Um Verletzungen zu vermeiden, sollten Sie darauf achten, dass die Sprunghöhe nicht die Körperhöhe Ihres Zwergkaninchens übersteigt.

Klettern

Auch wenn es den einen oder anderen überrascht: Zwergkaninchen „klettern" ganz gerne, so weit das ihre Pfoten zulassen. Ein paar große, flache Steine, ein hoch gelegtes Brett oder eine Rampe werden gerne als Aussichtsplatz angenommen. Es soll sogar einige Exemplare geben, die niedrige Katzenbäume aufsuchen. Bevor Sie sich so einen anschaffen, sollten Sie vorher die Kletterkünste Ihres Kaninchens anhand eines festen Kartons oder einer Kiste testen.

» Ein niedriger Steg im Käfig bietet tolle Klettermöglichkeiten.

Werfen und Ziehen

Unsere Kaninchen werfen gerne um sich und zwar mit allem, was sie mit ihren Zähnchen aufheben und wegschleudern können. Bieten Sie ihm dafür ein paar Kinderbauklötze oder Ähnliches an. Andere Tier ziehen gerne etwas hinter sich her, dafür sollten Sie dem Kaninchen ein altes Deckchen oder Handtuch abtreten.

ERFOLGSTIPP

Ganz wichtig: Zwergkaninchen sind kein Spielzeug! Die kleinen Kerle haben ihren eigenen Kopf und sie brauchen hin und wieder ihre Ruhe. Passen Sie sich den Bedürfnissen Ihres Mümmelmanns an, und Sie werden mit liebvoller Zutraulichkeit belohnt.

» Ein gelangweilter Zwerg stellt so einiges an.

Pflege

» Gerade langhaarige Rassen müssen regelmäßig gebürstet werden. Dabei kann man auch gleich das Fell nach Parasiten untersuchen.

Fell

Kaninchen sind wie schon gesagt sehr reinliche Tiere und sorgen mit ausgiebigen Putzen dafür, dass es auch so bleibt. Aber auch die Zwergkaninchenhalter müssen ran. Bei der Fellpflege muss man zwischen Langhaar- und Kurzhaarzwergkaninchen unterscheiden. Kurzhaarige Zwerge brauchen in der Regel keine aufwändige Fellpflege. Wöchentliches Bürsten oder Kämmen schadet aber sicher nicht und hat den Vorteil, dass Sie dabei Ihren Hoppel gleich nach Parasiten untersuchen können. Bei jahreszeitlichem Fellwechsel können Sie mit dem Bürsten außerdem ausgefallene Haare entfernen. Es gibt viele verschmuste Kaninchen, die lieben diese Pflegeprozedur, es ist für sie nur eine andere Form des Streichelns. Sie können die für die Fellpflege erforderlichen Utensilien, wie Bürste, Bürstenhandschuh oder Kamm im Zoofachgeschäft kaufen.

Auf keinen Fall sollten Sie Ihr Tier baden. Dabei steht das Kerlchen Todesängste aus. Und das möchten Sie ihm wohl nicht zumuten. Sollte das Zwergkaninchen jedoch stark verschmutzt sein, etwa wegen einer Durchfallerkrankung, sollten Sie nur den dreckigen Körperbereich säubern.

GUT ZU WISSEN

Wenn sich eine intensive Reinigung absolut nicht vermeiden lässt, sollten Sie folgendermaßen vorgehen: Setzen Sie den ängstlichen Kerl in eine Schüssel, wo er festen Boden unter seinen Pfoten hat. Spülen Sie die betroffen Stelle mit lauwarmen Wasser aus. Wenn Wasser alleine nicht reicht, benutzen Sie zusätzlich ein mildes Kindershampoo. Achten Sie darauf, dass kein Wasser oder Waschmittel an Augen, Nasen oder Ohren kommt.

Langhaarige Schönheiten brauchen viel Pflege

Angorazwergkaninchen sind aufgrund ihrer Haarpracht hübsch anzusehen. Aber: Tägliches Kämmen und Bürsten ist bei Angorakaninchen Pflicht. Zusätzlich müssen auch eventuel e Fellknoten herausgeschnitten werden. Achten Sie darauf, dass die Haare nicht über die Augen wachsen. Abgesehen davon, dass dadurch der Sichtkreis der Tiere eingeschränkt wird, kann das „Pony" auch eine Bindehautentzündung hervorrufen. Wenn das Fell völlig verfilzt ist, muss das Tier geschoren werden. Aber keine Sorge, das Fell wächst nach.

Zähne

Kaninchen besitzen außerordentliche Beißerchen. Die Schneidezähne wachsen ständig nach und müssen daher auch ständig in Gebrauch sein. Damit es nicht zu Gebissproblemen kommt, müssen Sie Ihrem Mümmelmann genügend Knabberzeug anbieten. Aber auch wenn der Zwerg tüchtig nagt, kann es zu Missbildungen der Zähne kommen, beispielsweise wenn das Tier nur einseitig knabbert. Dann müssen die Schneidezähne vom Tierarzt gekürzt werden.

» **Wetzen sich die Krallen nicht natürlich ab, müssen sie geschnitten werden.**

Krallen

Wohnungskaninchen haben selten Gelegenheit, ihre Krallen richtig abzuwetzen. Normalerweise geschieht dies durch Scharren oder Laufen über rauen Grund. Damit die Krallen nicht zu lang werden, müssen sie regelmäßig zurückgeschnitten werden, da das Kaninchen sonst damit hängen bleiben und sich verletzen kann. Lassen Sie sich von Ihrem Tierarzt oder einem erfahrenen Kaninchenhalter zeigen, wie Sie das am besten bewerkstelligen

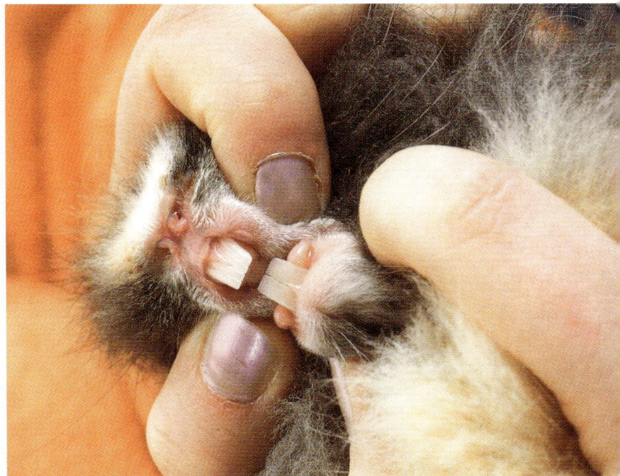

» **Zahnkontrolle. Überlange Beißerchen müssen vom Tierarzt gekürzt werden.**

GUT ZU WISSEN

Legen Sie Ihrem Kaninchen einen Stein in den Weg: Platzieren Sie eine Steinplatte so, dass das Zwergkaninchen zwangsläufig darüber laufen muss. So werden die Krallen abgenutzt, und der Zwerg muss nicht mehr so häufig das Krallenschneiden über sich ergehen lassen.

Augen, Nase und Ohren

Eventuelle Verkrustungen an Augen und Nase sollten Sie sanft und vorsichtig mit einem feuchten Tuch entfernen. Ohrenschmalz ist völlig normal und darf auf gar keinen Fall mit einem Wattestäbchen entfernt werden.

ERFOLGSTIPP

Achten Sie auf eine regelmäßige Pflege Ihres Tieres. Dadurch lassen sich bestimmte Krankheiten, wie z.B. Parasiten, rechtzeitig erkennen. Andere Erkrankungen, wie Verletzungen aufgrund überlanger Krallen, können vermieden werden.

Urlaub

Verpflichtungen

Bevor Sie sich ein Tier anschaffen, müssen Sie sich im Klaren darüber sein, dass das auch Verpflichtungen mit sich bringt. Zu viele Vierbeiner landen jedes Jahr zur Urlaubszeit im Tierheim, weil sie plötzlich lästig geworden sind. Sorgen Sie bereits vor einer Ferienreise für eine „Urlaubsvertretung". Der Kaninchensitter sollte allerdings nicht nur regelmäßig den Käfig säubern und das Tier füttern, sondern sich auch mit dem Zwerg beschäftigen und ihm Auslauf verschaffen. Für alle Fälle sollten Sie auch die Rufnummer Ihres Tierarztes hinterlassen und natürlich auch Ihre eigene. Wenn möglich, sollte das Tier in seiner gewohnten Umgebung bleiben. Wenn Sie absolut niemanden finden, der auf Ihren Zwerg aufpasst, fragen Sie bei Tierheimen oder Zoofachgeschäften nach, ob diese eine Pensionsmöglichkeiten anbieten. Wenn Sie das Tier in Pension geben, dann nur im eigenen Käfig. Dann hat es in einer ungewohnten Umgebung wenigstens seine vertraute Behausung.

» Die Zwerge gehen nicht gerne auf Reisen. Muten Sie ihnen keine unnötigen Strapazen zu.

≫ Zu Hause ist es am schönsten.

Zwergkaninchen auf Reisen

Ortswechsel sind für sensible Zwergkaninchen mit Stress verbunden. Aber wenn Sie ihren kleinen Freund unbedingt mit in Urlaub nehmen möchten, sollten Sie darauf achten, dass das Tier keinen Zug und keine pralle Sonne abbekommt. Muten Sie Ihrem sensiblen Zwergkaninchen keine langen Reisen in brütender Hitze zu. Am besten transportieren Sie Ihren Zwerg samt Käfig und Zubehör. Diese Dinge brauchen Sie vor Ort ja sowieso.

Ernährung und Ernährungsgrundsätze

» Knabbereien gehören in jeden Käfig.

Empfindliche Mümmelmänner

Kaninchen futtern für ihr Leben gern. Etwa 70 bis 80 Mahlzeiten pro Tag legen die zierlichen Tierchen ein. Aber keine Sorge, das ist völlig normal und nicht schädlich – so lange Sie Ihrem Zwerg die richtige Ernährung bieten. Das heißt, eine vernünftige Kombination aus Heu-, Grün-, Saft- und Trockenfutter. Und hier und da natürlich auch mal ein paar Leckerchen. Geben Sie Ihrem Tier nicht seine ganze Tagesration auf einmal. Es wird alles auf einmal verputzen, was nicht nur zu Übergewicht, sondern auch zu Verdauungsstörungen führen kann. „Servieren" Sie besser zwei- bis dreimal täglich kleinere Portionen, das ist viel gesünder.

Zwergkaninchen neigen zu Verdauungsstörungen und haben einen sensiblen Magen. Deshalb sollten Sie darauf achten, dass es keine plötzlichen Speiseplanumstellungen gibt. Verfüttern Sie zum Beispiel den ganzen Winter über kein frisches Grünfutter, müssen Sie Ihren Zwerg im Frühjahr wieder langsam daran gewöhnen, sonst kann es zu heftigen Verdauungsproblemen kommen. Außerdem darf die Nahrung nicht feucht, verdorben oder angeschimmelt sein, auch das verkraftet der empfindliche Magendarmtrakt der kleinen Tiere nicht.

WICHTIG:

Auch wenn Ihr Zwergkaninchen viel Grünfutter verputzt, braucht es täglich frisches Wasser. Ideal sind dafür Trinkflaschen, die am Käfig befestigt werden können.

Einige Kaninchen wissen übrigens hier und da mal einen Schluck Kamillentee zu würdigen.

Auf keinen Fall darf das Tier Milch trinken, das führt zu heftigen Durchfällen.

Heu
Heu darf's immer sein. Diese Rohfaser sorgt für eine reibungslose Verdauung. Ist gut für den Zahnabrieb und riecht für Mensch und Tier angenehm. Da Heu kaum Kalorien hat, können Sie Heu beruhigt auf die tägliche Speisekarte setzen. Sie erhalten es in der Zoohandlung oder beim Bauern. Vielleicht haben Sie aber auch Lust, Ihr eigenes Heu zu machen. Sammeln Sie dafür ungespritzte Gräser und Kräuter. Diese breiten Sie an einem trockenen Platz aus und wenden es regelmäßig. Wichtig ist, dass das Heu trocken ist.

Folgende Pflanzen eignen sich als Grünfutter und als Heugrundlage:

Gras, Löwenzahn, Klee, Bärenklau, Kamille, Salbei, Pfefferminze, Sauerampfer, Wegerich, Schafgarbe, Gänsefuß, Hirtentäschel, Sonnenblumen.

Grünfutter
Grünes Futter ist für Kaninchen ein Festmahl. Löwenzahn lieben die Mümmelmänner ganz besonders. Wenn Sie Ihrem kleinen Hausgenossen Grünfutter anbieten, sollten Sie darauf achten, dass es von ungedüngten und nichtgespritzten Wiesen kommt. Pflücken Sie wegen Autoabgasrückständen keine Pflanzen, die neben einer Straße wachsen. Verwenden Sie nur Pflanzen, die Sie kennen und von denen Sie genau wissen, dass sie ungiftig sind. Geizen Sie etwas mit dem Klee. Zu viel dieses schmackhaften Grünfutters kann Blähungen auslösen. Auch beim Grünfutter muss unbedingt darauf geachtet werden, dass es trocken ist. Geben Sie Ihrem Zwergkaninchen über den Tag verteilt maximal eine Heugarbe voll.

GUT ZU WISSEN
Wenn Sie Ihrem Hoppel auch im Winter etwas Grünes bieten möchten, können Sie ja in einem Beetkasten eine kleine Futterwiese anlegen, z.B. mit Katzengras, das wächst besonders schnell nach. Denken Sie daran, regelmäßig neue Grassamen auszusäen.

Trockenfutter
Trockenfutter bzw. Fertigfutter ist im Handel erhältlich. Es besteht in der Regel aus Trockengemüse, geschrotetem Getreide und so genannten Pellets. Diese Pellets können auch solo verfüttert werden und bestehen aus gepresstem Grünfutter, Obst, Gemüse sowie Vitamin- und Nährstoffen. Geben Sie Ihrem Zwergkaninchen etwa ein bis zwei Esslöffel Trockenfutter täglich. Die Rationierung sollte aber von den anderen Futtermitteln abhängig gemacht werden. Mümmeln die Zwerge im Sommer viel Grünzeug, können Sie das Trockenfutter reduzieren. Auch Wildkaninchen ziehen saftiges Grünfutter dem trockenen Getreide vor. Fertigfutter sollte nicht als einzige Mahlzeit angeboten werden. Gönnen Sie ihrem Haustier etwas mehr Abwechslung auf dem Speiseplan.

So ein Futterball bringt Abwechslung in den Kaninchenalltag.

Saftfutter
Obst und Gemüse wird auch als Saftfutter bezeichnet. Sie sollten es Ihrem Zwerg als Nahrungsergänzung anbieten. Es enthält viele notwendige Vitamine und Nährstoffe. So eine Möhre, ein Apfelstück oder ein Maiskolben ist für den Zwerg ein Leckerbissen, der schmeckt und an dem es sich auch noch herrlich knabbern lässt. Seien Sie jedoch zurückhaltend mit dem Mais, denn er ist wie alles Getreide sehr reichhaltig und kann aus Ihrem Hoppelchen ein Moppelchen machen. Auf das Verfüttern von Kohl sollten Sie ganz verzichten, es kann zu Koliken führen. Auch Salat sollte nur in Maßen angeboten werden, denn er ist häufig mit chemischen Rückständen belastet.

ERFOLGSTIPP

Die niedlichen Heimtiere haben einen sehr empfindlichen Magendarmtrakt. Achten Sie auf eine gesunde, ausgewogene, vitaminreiche Ernährung. Setzen Sie Ihrem Zwergkaninchen niemals nasses oder verdorbenes Futter vor. Achten Sie auf giftige Zimmer- und Gartenpflanzen. Schreit Ihr Zwergkaninchen oder hat es einen stark aufgeblähten Bauch, müssen Sie umgehend den Tierarzt aufsuchen.

Folgende Pflanzen, Obst- und Gemüsesorten sind für Zwergkaninchen giftig oder schädlich:

Agaven, Aloe, Alpenveilchen, Amaryllis, Azalee,

Berglorbeer, Besenginster, Blasenstrauch, Buchsbaum,

Christrose, Chrysantheme,

Efeu, Eibe, Eisenhut, Engelstrompete, Essigbaum,

Farne, Fingerhut,

Geranie, Goldregen,

Hahnenfuß, Hartriegel, Heckenkirsche, Herbstzeitlose, Hortensie, Hyazinthe, Hülsenfrüchte (roh),

Ilex (Stechpalme), Immergrün,

Jelängerjelieber,

Kalla, Kirschlorbeer, Kartoffellaub- und triebe, Krokus,

Lavendelheide, Lebensbaum (Thuja), Liguster, Lorbeer, Lupinen,

Maiglöckchen, Märzenbecher, Mahonie, Meerzwiebel, Mistel, Mohn,

Narzissen,

Oleander,

Passionsblume, Pfaffenhut, Porzellanblume, Primel, Pilze (giftige),

Rhabarber, Rizinus, Rhododendron, Rittersporn,

Sadebaum, Schneebeere, Schneeglöckchen, schwarzer Nachtschatten, Seidelbast, Sommerflieder, Stechapfel,

Tollkirsche, Tomatenlaub,

Wachholder, Weihnachtsstern,

Zwergholunder

Knabberzeug

Bieten Sie Ihrem Zwerg zur Unterhaltung und zum Zahnabrieb genügend Knabberfutter an. Ungespritzte Zweige von Obstbäumen und einigen Laubbäumen (Birke, Buche, Haselnuss) eignen sich dafür hervorragend. Auch hartes, trockenes und nichtverschimmeltes Brot wird gerne gemümmelt.

» **Damit kann man nichts falsch machen.**

GUT ZU WISSEN

Vorsicht vor Schädlingen. Gerade im Heimtierfutter machen es sich Mehlmotten bzw. ihre Maden gerne gemütlich. Da diese Schädlinge auch andere Lebensmittel befallen, können sie sich zu einer Plage entwickeln, die man nur schwer wieder los wird. Füllen Sie sofort nach dem Kauf Ihr Trockenfutter in einen verschlossenen Behälter um und untersuchen Sie es dabei gleich nach Schädlingen.

INFOBOX

Sollte Ihr Zwergkaninchen etwas zu viel auf den Rippen haben, legen Sie einmal in der Woche einen Diättag ein. Verzichten Sie an diesem Tag ganz auf Trockenfutter, weil es Getreide enthält und damit auch dick macht. Geben Sie dem Zwerg einfach nur Heu und Wasser. Reduzieren Sie im Allgemeinen die Beigabe von Getreidefutter (z.B. Mais, Haferflocken, hartes Brot).
Eine strenge Diät vertragen Kaninchen übrigens ganz und gar nicht. Besser Sie achten rechtzeitig auf eine ausgewogene Ernährung, damit Ihr Liebling gar nicht erst mollig wird.

Was Sie bei der Ernährung beachten müssen: Heu ist rund um die Uhr erlaubt.

- » Ausgewogene Ernährung mit Ballaststoffen und Vitaminen (Grün-, Trocken- und Saftfutter) verfüttern.
- » Genügend Knabbermaterial zur Verfügung stellen. Salzstein anbringen.
- » Immer frisches Wasser bereitstellen (Trinkflasche), auch im Außengehege.
- » Kein kaltes Futter anbieten, das direkt aus dem Kühlschrank kommt. Im Winter keine kalten, gefrorenen Äste verfüttern.
- » Kein verdrecktes, verschimmeltes oder feuchtes Futter geben.
- » Nicht gefressenes Grün- und Saftfutter nach ein paar Stunden aus dem Käfig entfernen.
- » Nur artgerechte Nahrung anbieten. „Zweibeiner-Nahrung“, wie z.B. Süßigkeiten sind tabu. Von Milch, auch verdünnt, bekommen die Tierchen heftigen Durchfall.
- » Gesunde und beliebte Leckerbissen sind z.B. Äpfel, Salatgurken, Erdbeeren, Trauben, Wassermelonen, Orangen, Ananas, Zucchini, Möhren, Birnen, Löwenzahn, Kiwi, Paprika und Petersilie.

» Mopplige Mümmelmänner sollten einmal pro Woche einen Diättag mit Heu und Wasser machen.

» Der kleine Kerl hat sein Fressen zum Spielen gern.

Rassen & Artenportraits

Zwergkaninchen gibt es in den unterschiedlichsten „Ausführungen". Zunächst einmal kann man die Tiere in stehohrige und schlappohrige (Widder) sowie in kurzhaarige und langhaarige (Angora) Zwergkaninchen unterteilen.

Der Klassiker: Kurzhaarzwergkaninchen

Das Kurzhaarzwergkaninchen ist sozusagen das „Ur-Zwergkaninchen". Man bezeichnet diese Rasse auch als Farbenzwerg. Sie bringen etwa ein bis anderthalb Kilo auf die Waage und sind aufgrund des kurzen Haarkleids pflegeleichte Kerlchen. Farbenzwerge gibt es in zahlreichen Farbschlägen und mit wunderschönen Fellzeichnungen. Der erste Farbenzwerg war übrigens das Hermelinkaninchen, das bereits Ende des 19. Jahrhunderts gezüchtet wurde. Diese Kaninchenrasse wurde jedoch zunächst nur als Nutztier gehalten. Das prächtige weiße Fell des Hermelinkaninchens wurde in der Mantel- und Jackenproduktion verarbeitet. Diese zierlichen Zwergkaninchen mit den roten oder blauen Augen werden auch heute noch geschätzt – aber als Schmusetier. Hermelinkaninchen wiegen etwa ein Kilo und haben sehr kurze, stehende Ohren.

≫ **Sehr beliebt und pflegeleicht: Ein kurzhaariger Zwerg.**

Die Langhaarigen: Angorazwergkaninchen

Diese Tiere zeichnen sich durch ihr prächtiges Fell aus, das wie bei den Farbenzwergen in Farbe und Zeichnung variieren kann. Das Haarkleid der Angorazwergkaninchen ist wesentlich länger als bei den Farbenzwergen und kann lang und glatt, aber auch lang und flauschig sein. Bei einigen Rassen ist der Kopf kurzhaarig und der Rest langhaarig. Bei anderen hingegen weist der ganze Körper eine üppige Haartracht auf, diese Tiere bezeichnet man auch als Teddys. Auch bei den Angorazwergkaninchen gibt es ganz unterschiedliche Rassen mit zum Teil sehr markantem Äußeren, wie etwa das putzige Löwenkopfangorazwergkaninchen. Es ist plüschig und verdankt seinen Namen einer kleinen Fellmähne, die das Gesichtchen umrahmt.

» Dieser plüschige Teddyzwerg legt gerade eine Knabberpause ein.

» Das Löwenkopfzwergkaninchen verdankt seinen Namen der üppigen Mähne.

Die Schlappohren: Widderzwergkaninchen

Das hervorstechende Kennzeichen der Widder sind ihre langen, hängenden Ohren, die in der Fachsprache als Behang bezeichnet werden. Diese etwas größere Zwergkaninchenrasse erfreut sich immer größerer Beliebtheit. Neben dem niedlichen Aussehen ist sicher ihr Charakter ein wichtiger Grund dafür. Besitzer und Züchter von Widderkaninchen bescheinigen diesen schlappohrigen Hopplern ein friedfertiges und sanftes Gemüt. Auch bei den Widderzwergkaninchen gibt es die unterschiedlichsten Rassen.

» Die beiden Widderzwerge lassen es sich schmecken.

» Kaninchen gibt es in den unterschiedlichsten Farbschlägen. Das Fell dieses Widderpärchens weist eine hübsche Dalmatiner-Scheckung auf.

Die hängenden Ohren eines Widders bezeichnet man auch als Behang.

Anatomie

Körperbau allgemein

Reinrassige Zwerge haben einen kompakten und gedrungenen Körper mit einer kurzen Rückenlinie. Der Kopf sitzt auf einem kaum vorhandenen Hals und wirkt überproportional groß mit einem stark gewölbten Schädeldach.

Ohren

Die Ohren des Zwergkaninchens bezeichnet man auch als Löffel. Diese sollten abgerundet, kurz, behaart und eng zusammenstehend sein. Die ideale Löffellänge eines Farbenzwerges (nicht Widder) beträgt etwa 4,5 bis 5,5 cm. Die Augen sind sehr groß und treten etwas hervor. Zwerge wiegen etwa 0,5 bis 1,5 Kilo. Widderzwerge haben natürliche längere Löffel. Ihre Ohren (Behang) können bis zu 28 cm lang werden. Der Behang sollte fleischig und abgerundet sein. Widderzwergkaninchen haben neben ihren hängende Löffeln noch ein weiteres charakteristisches Merkmal: eine Krone. Das ist eine Haarerhebung auf der Kopfmitte. Die Schlappohren sind in der Regel etwas kräftiger als die kurzohrigen Verwandten und sie bringen bis zu zwei Kilo und mehr auf die Waage.

Zwergkaninchen haben ein hochsensibles Gehör und können ihre Ohren unabhängig von einander nach vorne und hinten richten. Dadurch sind sie in der Lage, auch leise Geräusche in ihrer Umgebung wahrzunehmen. So können sie bei einem verdächtigen Geräusch sofort reagieren und die Flucht antreten. Das hoch entwickelte Gehör der Kaninchen macht sie jedoch auch gegenüber Lärm und Krach empfindlich. Nehmen Sie darauf Rücksicht.

Nase

So niedlich dieses Näschen auch aussieht, es verfügt über enorme Riechfähigkeiten. Für Kaninchen ein Muss, denn sie verständigen sich untereinander über Düfte. Die Tiere besitzen dafür drei Duftdrüsen, jede übernimmt eine spezielle Aufgabe: Mit der Drüse unter dem Kinn markieren sie ihr Revier. Dabei reiben sie ihre Kinnunterseite an Möbeln oder Ecken und zeigen damit eventuellen Rivalen „das gehört zu meinem Reich". Aber keine Sorge, diese Duftspur ist für Menschen absolut nicht wahrnehmbar. Die Drüse am After dient ebenfalls der Reviermarkierung, sie verpasst dem Kot eine individuelle Duftmarke. An den Leisten haben Kaninchen ihre dritten Drüsen, damit übermitteln sie ihren Artgenossen wertvolle Informationen über Geschlecht, Familienzugehörigkeit und Paarungsbereitschaft.

» Dieses süße Näschen muss viel leisten, denn Kaninchen verfügen über eine komplizierte Duftsprache.

Tasthaare

Wie auch bei den Katzen dienen die Tasthaare am Kopf der Orientierung. Die Haare sind so breit wie das Kaninchen und zeigen ihnen, ob sie durch eine Öffnung (z.B. eine Höhle) hineinpassen oder nicht. Stoßen die Haare an, weiß das Tier, dass es zu „dick" für die Öffnung ist und versucht erst gar nicht, dort hinein zu kriechen.

Augen

Die wilden Verwandten des Zwergkaninchens haben gute Gründe, ständig auf der Hut zu sein. Dazu gehört auch, dass sie hervorragend sehen müssen, selbst in der Dämmerung. Dabei zählt nicht nur die Entfernung, sondern auch der Blickwinkel. Sie müssen wissen, was seitlich und über ihnen so los ist. Der Räuber kann von überall kommen. Ein Grund, warum die Natur ihnen Augen gegeben hat, die seitlich am Kopf sitzen, denn damit verfügen sie über eine perfekte Rundumsicht.

Beine

Kaninchenbeine werden als Läufe bezeichnet. Es gibt Hinter- und Vorderläufe. Mit den kleinen Beinchen sind die Zwerge ganz schön schnell - bis zu 45 km/h. Da kann von Hoppeln keine Rede mehr sein. Ihre wilden Artgenossen, die einen schlankeren Körperbau und längere Läufe besitzen, erreichen unter Umständen sogar eine Spitzengeschwindigkeit von etwa 70 bis 80 km/h. Um Feinde auszutricksen, schlagen Hasentiere so genannte Haken. Das heißt, sie ändern blitzschnell ihre Laufrichtung, um den Verfolger abzuhängen. Auch Ihr Zwerg beherrscht die Kunst des Hakenschlagens, zum Beispiel wenn Sie ihn einfangen möchten, er aber beschließt, dass es im Auslauf viel schöner ist als im Käfig.

Gebiss

Das Zwergkaninchen hat nicht nur seine Schneidezähne. Insgesamt verfügt es über 28 Beißerchen: vier Nagezähne, zwei Schneidezähne und 22 Backenzähne. Die Zähne wachsen ständig nach, so lange die Tiere leben. Die oberen Schneidezähne können in der Woche bis zu zwei Millimeter wachsen, die unteren bis zu 2,4 mm. Deshalb ist es enorm wichtig, dass sie für den Zahnabrieb ständig was zu beißen bzw. zu nagen haben. Knabbert Ihr Zwerg nicht genug, können sich schmerzhafte Fehlstellungen entwickeln.

Stummelschwanz

Das kurze, buschige Schwänzchen des Kaninchens bezeichnet man als Blume. Bei Aufregung oder Erregung wird die Blume hochgestellt und dient den Artgenossen als Alarmsignal.

Mein gesundes Zwergkaninchen

Gesundheitsvorsorge

Natürlich wünschen wir uns ein gesundes Tier. Doch Krankheiten oder Unfälle lassen sich nicht immer vermeiden. Sie als Zwergkaninchenhalter können jedoch einiges zur Gesunderhaltung Ihres Tieres beitragen:

» **Ein Zwerg, der nur noch teilnahmslos im Käfig liegt, ist wahrscheinlich krank. Ein Arztbesuch ist unumgänglich.**

Gesund essen

Bieten Sie Ihrem Liebling eine optimale Ernährung mit einem ausgewogenen Speiseplan an. Artgerechte Leckereien sind hin und wieder erlaubt, wie z.B. spezielle Drops aus dem Tierhandel oder ein hartes Stück Brot. Auf keinen Fall darf Ihr Zwergkaninchen verschimmelte, verdorbene oder feuchte Nahrung zu sich nehmen. Menschen-Leckereien, wie beispielsweise Süßigkeiten, sind tabu, auch wenn die meisten Kaninchen ganz heiß darauf sind. Bleiben Sie hart. Eine falsche Ernährung kann zu Blähungen, Durchfall und Koliken führen. Verdauungsstörungen sind bei Kaninchen nicht auf die leichte Schulter zu nehmen, sie können unter Umständen lebensgefährlich werden.

Gesund knabbern

Sorgen Sie dafür, dass Ihr Mümmelmann immer was zu beißen hat. Und das ist wortwörtlich gemeint. Ihr Kaninchen braucht für den Zahnabrieb ständig artgerechtes Knabbermaterial, das verhindert Fehlstellungen und schmerzhafte Gebisserkrankungen. Kontrollieren Sie regelmäßig die Zähne, achten Sie auf eine korrekte Zahnstellung. Die oberen Schneidezähne müssen vor die unteren greifen.

Gesund halten

Achten Sie auf Ektoparasiten, das sind Parasiten, die auf und von dem Tier leben. Zwergkaninchen können dabei von Flöhen, Läusen, Milben oder Haarlingen befallen sein. Diese Schädlinge sollten bekämpft werden. Starker Flohbefall kann Ihr Tier schwächen und für Jungtiere eine tödliche Bedrohung sein. Ein Befall mit Läusen, Milben, Haarlingen oder Flöhen zeigt sich in heftigem und anhaltendem Juckreiz. Das Fell wird glanzlos, struppig und es kann zu Haarausfall kommen. Die Tiere sind unruhig und kratzen sich teilweise so sehr, dass sich Hautstellen entzünden und eitern. Behandelt wird so eine parasitäre Erkrankung mit einem Insektizid. Dabei ist es wichtig, den Anordnungen des Arztes Folge zu leisten, da diese Präparate giftig sind und auch nur äußerlich angewendet werden dürfen.

Wenn Ihr Zwergkaninchen ein Freigehege hat, müssen Sie Ihr Tier in der warmen Jahreszeit zusätzlich auf Zecken untersuchen. Diese lassen sich mit im Handel erhältlichen Zeckenzangen, wie sie auch für Katzen und Hunde benutzt werden, leicht entfernen. Bitte ziehen und reißen sie nicht an den Zecken und verzichten Sie auf Hausmittelchen. Das führt meist zu unangenehmen Entzündungen.

Wurmerkrankungen sind bei Zwergkaninchen recht selten, lassen sich jedoch Würmer im Kot finden, sollten Sie den Tierarzt aufsuchen. Würmer die sich im Käfig, aber nicht im Kot befinden, sind in den meisten Fällen Maden von Lebensmittelschädlingen, wie zum Beispiel der Mehlmotte. Diese können über das Fertigfutter eingeschleppt werden. Entsorgen Sie in diesem Fall das Trockenfutter und reinigen Sie den Käfig gründlich.

≫ Bei der Fellpflege sollte man auf Veränderungen achten, wie z.B. Hautentzündungen oder extremen Haarausfall.

GUT ZU WISSEN

Flöhe lassen sich beim Bürsten ganz gut erkennen. Setzen Sie Ihren Hoppel auf eine helle Unterlage und kämmen Sie das Fell sorgfältig aus, achten Sie auf dunkle Pünktchen, die auf die Unterlage fallen, das könnte Flohkot sein. Einige Parasiten lassen sich auch mit bloßen Auge oder unter einer Lupe erkennen. Abhängig von der Fellfarbe Ihres Lieblings ist das mal leichter, mal schwieriger. Denn Läuse und Flöhe sind dunkel, Haarlinge sind weiß. Milben werden Sie aber selbst mit Vergrößerungsglas nicht entdecken, diese Parasiten sind für uns nicht sichtbar.

» Wiegen Sie ihr Zwergkaninchen regelmäßig. Übergewicht ist auch eine Krankheit.

Wann muss mein Zwergkaninchen zum Arzt?

Neben offensichtlichen Erkrankungen, wie etwa eine Verletzung, Bisswunden, Durchfall, eine Augenentzündung oder ein laufendes Näschen, können Zwergkaninchen von unterschiedlichen Erkrankungen betroffen sein. Diese sind für den Laien nicht identifizierbar. Deshalb ist es wichtig, bei seinem Zwerg auf Signale zu achten, die auf eine Erkrankung hinweisen können. Wenn es ihrem wuschligen Freund nicht gut geht, gibt es dafür einige typische Anzeichen: Teilnahmslosigkeit, der Zwerg sitzt apathisch in einer Ecke. Die Augen sind glanzlos. Das Tier frisst und trinkt nur wenig, zeigt hörbares Atemrasseln und Zähneknirschen.
Bei einem kranken Kaninchen müssen nicht all diese Symptome gleichzeitig auftreten, auch wenn sich nur ein oder zwei Krankheitsanzeichen zeigen, ist Vorsicht geboten. Ändert sich Verhalten und Zustand des Zwergkaninchens nach ein bis zwei Tagen nicht, sollten Sie den Tierarzt aufsuchen. Schreit das Tier oder hat es einen stark aufgedunsenen Leib müssen Sie sofort zum Veterinär!

» Beobachten Sie Ihre Mümmelmänner. Bei Auffälligkeiten sollten Sie den Tierarzt aufsuchen.

GUT ZU WISSEN

Auch Gewichtsverlust ist ein Krankheitssymptom. Für den Zwergkaninchenhalter ist es jedoch schwer, zu erkennen, ob sein Tier abgenommen hat oder nicht. Deshalb sollten Sie Ihren Zwerg regelmäßig wiegen und das Gewicht notieren. Weicht das Gewicht dann stark von der Norm ab, sollten Sie den Tierarzt aufsuchen. Übrigens: Das regelmäßige Wiegen hilft Ihnen auch zuerkennen, ob Ihr Kaninchen etwas zu viel auf den Rippen hat.

Magendarmerkrankungen

Zwergkaninchen haben einen sehr empfindlichen Magendarmtrakt. Unregelmäßigkeiten bei Fütterungen oder nicht artgerechte Ernährung schlägt sich bei ihnen häufig mit Blähungen, Koliken und Durchfall nieder. Bei Durchfall geben Sie dem Kaninchen für ein paar Tage nur Trockenfutter und Heu, so lange bis das Tier wieder festen Kot ausscheidet. Anschließend gewöhnen Sie den Kleinen wieder ganz langsam an „Mischkost“. Das heißt, zunächst etwas Grünfutter und später auch Saftfutter. Lauwarmer Kamillentee ist ideal, um Magen und Darm zu beruhigen. Hält der Durchfall an, müssen Sie mit dem Zwergkaninchen zum Tierarzt.

Eine Kolik kann sich unter anderem in einem aufgeblähten Magen und Appetitlosigkeit zeigen. Das Kaninchen liegt dabei meist auf der Seite, weil die Bauchlage zu schmerzhaft ist. Gehen Sie gleich zum Tierarzt, denn eine Kolik kann unter Umständen lebensgefährlich sein. Der Veterinär kann die Magengase mit einer Sonde ableiten und ein entsprechendes Medikament gegen Koliken verschreiben, das Sie für den Notfall immer Zuhause haben sollten.

Erkältung

Zwergkaninchen können sich schnell eine Erkältung zuziehen, besonders wenn sie Zug ausgesetzt werden. So einen Infekt erkennt man am häufigen Niesen des Zwerges. Eine Erkältung sollte vom Tierarzt behandelt werden.

Kaninchenschnupfen (Pasteurellose)

Diese Erkrankung ist nicht mit einer einfachen Erkältung zu verwechseln. Kaninchenschnupfen wird durch Bakterien hervorgerufen und ist für Artgenossen extrem ansteckend. Diese Infektion zeigt sich mit Niesen, laufender Nase und eventuell mit eitrigen Schnupfen. Der Kaninchenschnupfen wird mit Antibiotika behandelt (siehe auch Impfungen). Doch häufig schlägt die Therapie nicht an, dann muss das Tier sein Leben lang mit dem Schnupfen leben. Es gibt zwei Arten von Kaninchenschnupfen, chronischen und akutem. Bei dem chronischen Schnupfen kann es lange Phasen geben, an denen das Tier überhaupt keine Symptome aufweist oder nur ganz leichte. Das Tier gewöhnt sich an diesen Zustand und leidet nicht. Bei einem akuten Kaninchenschnupfen hingegen, ist die Erkrankung besonders heftig und wird von weiteren Infektionen begeleitet. Oft wird das Tier dadurch so geschwächt, dass es bereits nach ein paar Tagen stirbt.

Augenentzündung

Bei einer Augenentzündung tränt das Auge und ist manchmal sogar vereitert. Waschen Sie die verklebten Augen regelmäßig aus. Am besten nehmen sie dazu einen fuselfreies Tuch, das mit Kamillentee getränkt ist und entfernen damit ganz vorsichtig den Schleim. Ihr Tierarzt kann Ihrem Zwerg eine Augensalbe – oder tropfen verordnen, die sie bei Bedarf ins Auge geben müssen. Nach ein paar Tagen müsste die Entzündung dann abgeklungen sein.

Schiefhals (Torticollis)

Häufigste Ursache für eine Kopfschiefhaltung ist eine bakterielle Infektion, die unter anderem den Gleichgewichtsinn der Tiere beeinträchtigt. Die Kaninchen legen das Köpfchen zur Seite und taumeln aufgrund der Gleichgewichtsstörungen. Der Tierarzt kann die Infektion mit Antibiotika behandeln.

Krankheiten

Myxomatose

Diese Krankheit wird auch als Kaninchenpest bezeichnet. Sie wurde vom Menschen verbreitet, um Wildkaninchenplagen Herr zu werden. Doch der Erreger befällt nicht nur wilde Kaninchen, sondern auch ihre zahmen Artgenossen. Myxomatose wird durch Viren hervorgerufen und ist nicht auf den Menschen übertragbar. Die Kaninchenpest ist hochansteckend, jedoch können sich nur Kaninchen infizieren, keine andere Tiere. Übertragen wird die Krankheit durch Insekten, aber auch über infizierte Gegenstücke oder Nahrung. Nach einer Infektion kommt es zum Auftreten von (aufbrechenden) Eiterbeulen, die Schleimhäute schwellen stark an und vereitern, der Allgemeinzustand des Tierchens verschlechtert sich zusehends. Die Myxomatose ist nicht behandelbar (siehe auch Impfungen) und endet in den allermeisten Fällen nach zwei bis drei Wochen tödlich. Wenn Sie die ersten Symptome dieser qualvollen Krankheit entdecken, sollten Sie den Arzt aufsuchen und den Zwerg einschläfern lassen. Auch wenn das eine schwere Entscheidung ist, sollten Sie bedenken, dass bei der Kaninchenpest kaum Hoffnung auf Heilung besteht. Sie ersparen Ihrem Liebling damit großes Leid.

» **Regelmäßige Impfungen schützen Ihr Tier.**

RHD (Rabbit Haemorrhagic Disease)

Die RHD ist eine ansteckende Viruserkrankung und wurde vor einigen Jahren zuerst in China entdeckt, deshalb nennt man sie auch Chinaseuche. Sie wird über Insekten und infizierte Gegenstände und Nahrung übertragen. Bereits zwei bis drei Tage nach der Ansteckung (Inkubationszeit), bricht die RHD aus. Dabei können sich Symptome zeigen wie Schnupfen, Fieber und schaumiges Nasenbluten. Die Krankheit ist nicht behandelbar, die Tiere sterben nach ein bis drei Tagen (siehe auch Impfungen).

GUT ZU WISSEN

Bei leichten Entzündungen, z.B. hervorgerufen durch Parasiten, sollten Sie mit medizinischen Salben vorsichtig sein. Wenn das Kaninchen an die betroffene Stelle rankommt, wird es die Salbe ganz sicher ablecken. Behandeln Sie die erkrankte Region besser regelmäßig mit Kamillentee oder -sud. Das lindert die Entzündung und ist für das Tier nicht schädlich. Schwere Infektionen müssen natürlich mit antibiotischen oder cortisonhaltigen Medikamenten therapiert werden. Dann kann eine Halskrause das Tier vom Lecken abhalten.

Impfungen

Gegen die gefährlichsten Kaninchenkrankheiten gibt es mittlerweile Impfungen. Die Myxomatoseimpfung hält etwa sechs bis neun Monate an, die RHD-Impfung ein Jahr. Der Impfschutz gegen den Kaninchenschnupfen sollte halbjährlich aufgefrischt werden. Diese Impfung ist noch recht neu, wenn Ihr Tierarzt sie Ihnen gegenüber nicht erwähnt, sollten Sie ihn ruhig darauf ansprechen.

All diese Impfungen können auf einmal durchgeführt werden, dann haben Sie mit einem Tierarztbesuch alles erledigt. Die ersten Impfungen können ab den ersten sechs bis acht Lebenswochen durchgeführt werden.

INFOBOX

Was Sie bei der Krankenpflege Ihres Zwergkaninchens beachten sollten:
Halten Sie sich strikt an die Anordnungen des Tierarztes. Geben Sie dem Tierchen keine selbstverordneten Medikamente und verzichten Sie auf Hausmittel, sofern sie nicht mit dem Veterinär besprochen wurden. Es gibt einige Naturmittel, die bei der Behandlung von bestimmten Krankheiten sehr wirkungsvoll sein können. Besprechen Sie solch alternative Heilverfahren mit dem Tierarzt. Lassen Ihren Hoppel in Ruhe. Wer krank ist, braucht viel Schlaf und keinen Stress. Erklären Sie Ihren Kindern, dass ihr kleiner Freund krank ist, und dass Schmusen und Spielen jetzt erst mal tabu sind.

GUT ZU WISSEN

Halten Sie zu Hause immer eine Notfallapotheke für alle Fälle bereit. Darin enthalten sollten Mittel gegen Blähungen und Koliken und eventuell auch Augensalben - oder tropfen sein. Halten Sie auch immer das Alround-Heilmittel Kamillentee bereit. Er hilft bei Magendarmerkrankungen sowie bei leichten Haut- und Augenentzündungen. Desinfektionsmittel, Zeckenzange sowie Wund- und Heilsalbe sollten ebenfalls nicht fehlen.

Der endgültige Abschied

Der Tod gehört zum Leben und irgendwann trifft es auch unser geliebtes Zwergkaninchen. Aber leider ist nicht jedem ein friedlicher Tod vergönnt. Wenn schwere Verletzungen oder eine Krankheit dem Tier große Qualen bereiten, dann sollten Sie den kleinen Kerl einschläfern lassen, damit er von seinem Leid erlöst wird.

Kleine Heimtiere, wie Hamster, Meerschweinchen und Zwergkaninchen können im heimischen Garten beerdigt werden. Voraussetzung ist, dass das Tier mindestens mit einer 50 cm dicken Erdschicht bedeckt ist und dass es nicht auf öffentlichen Plätzen, Anlagen oder in einem Wasserschutzgebiet vergraben wird. Besonders Kindern ist es ein Trost, wenn sie mit einer Beerdigung Abschied von Ihrem geliebten Hoppel nehmen können. Sie können das Zwergkaninchen auch dem Tierarzt überlassen. Er wird das Kaninchen der Tierbeseitigungsanstalt übergeben, wo es verbrannt wird.

Zucht und Vermehrung

» Keine Frage, so eine Zwergenschar ist super süß. Aber Nachwuchspläne sollten wohl überlegt sein.

Überlegungen vor der Zucht

Zwergkaninchennachwuchs ist super süß, keine Frage. Dennoch ist das possierliche Aussehen der kleinen Zwerge alleine kein guter Grund für eine geplante Vermehrung. Wer bei seinen Hoppler wissentlich für Nachwuchs sorgt, sollte bereits vorher Abnehmer für die Kleinen gefunden haben. Rechnen Sie dabei mit acht Jungen, auch wenn es nachher nur drei oder vier sind. Besser Sie enttäuschen jemanden, als dass Ihnen die Kaninchenbande über den Kopf wächst. Wenn Sie eine Hobbyzucht anstreben, sollten Sie sich vorher mit erfahrenen Profis in Verbindung setzen, die Ihnen erklären, worauf Sie bei der Zucht von reinrassigen Zwergen besonders achten müssen. Der Wunsch nach hoppelnden Nachwuchs ist in den meisten Fällen leicht zu erfüllen. Die sprichwörtliche Fruchtbarkeit aller Hasentiere macht die Zucht relativ unproblematisch.

Die Deckung

Zwar können Zwergkaninchen bereits ab dem dritten Lebensmonat geschlechtsreif sein, aber so früh sollten Sie Ihr Tier noch nicht decken lassen. Im Interesse Ihres Tieres warten Sie bis es mindestens neun Monate alt ist. Mit maximal vier Jahren sollte das Weibchen das letzte Mal gedeckt werden, es kann sonst zu Komplikationen kommen. Decken Sie Tiere der gleichen Rasse, achten Sie darauf, dass die Tiere nicht verwandt sind. Wenn Sie keinen unkastrierten Bock zur Verfügung haben, können Sie sich einen ausleihen oder das Weibchen (Zibbe) zum Vater in spe bringen. Der Honeymoon der Zwerge sollte etwa eine Woche andauern. In dieser Zeit können Sie davon ausgehen, dass die Zibbe heiß und damit auch empfängnisbereit geworden ist. Die Tragezeit bei Kaninchen beträgt etwa 28 bis 33 Tage. Das Weibchen sollte etwa drei Wochen nach der Deckung seinen Wurfkäfig beziehen. Trächtige Weibchen sollten keinem Stress ausgesetzt werden. Verzichten Sie und Ihre Kinder darauf, die werdende Mama umherzutragen oder mit ihr zu spielen.

GUT ZU WISSEN

Mütter mit Nachwuchs müssen alleine gehalten werden. Es kann vorkommen, dass Artgenossen die Jungen tödlich verletzen. Außerdem können andere Tiere die Zibbe so stressen, dass sie ihren Wurf tötet, was aber relativ selten vorkommt. Der Wurfkäfig sollte mindestens 100 x 50 cm betragen und von oben zu öffnen sein. Schön wäre ein Häuschen, das so groß ist, dass sich die Zibbe darin ausstrecken und sogar ihre Jungen gebären kann. Sorgen Sie für Nistmaterial, am besten Stroh, das hält die Mini-Mümmelmänner schön warm.

Geburt

Werdende Kaninchenmütter haben die Ruhe weg. Erst kurz vor der Niederkunft beginnt sie mit dem Nestbau. Sie zupft sich Haare aus und sammelt Stroh, dass sie an einem bevorzugten Platz aufschichtet. Manchmal verbarrikadiert sie sich regelrecht. Das haben sie von ihren wilden Artgenossen. Wildkaninchen verschließen in ihrem Bau den Gebärbereich, um den Nachwuchs vor Feinden zu schützen. Lassen Sie das Zwergenweibchen bei der Geburt völlig in Ruhe.

» Die Kleinen sollten mindestens sechs Wochen bei der Mutter bleiben.

Aufzucht

Mischen Sie sich nicht in die Aufzucht der Jungen ein. Das kriegt die Zwergenmama ganz alleine hin. Schauen Sie nur alle paar Tage mal nach dem Rechten. Tote Jungtiere müssen Sie gleich entfernen. Sollte die Zibbe die Jungen nicht annehmen, sterben diese nach ein paar Tagen. Es ist kaum möglich, ganz junge Waisenkinder mit der Flasche großzuziehen. Je älter die Jungen sind, desto größer sind die Überlebenschancen. Nach etwa drei Wochen haben die Waisenkaninchen dann das Gröbste überstanden und können auch ohne Mama überleben.

Die Kaninchenmutter säugt ihre winzigen Hoppler etwa zweimal täglich, dabei sitzt sie und der Nachwuchs liegt auf dem Rücken unter ihr und säugt. Die Kaninchenjungen sind Nesthocker, das heißt sie sind bei der Geburt blind und nackt. Die Jungen öffnen nach etwa 10 Tagen die Augen. Nach drei Wochen sind die Winzlinge schon ganz schön munter und hoppeln durch ihr Zuhause. Sie werden jetzt nicht mehr gesäugt, sondern nehmen feste Nahrung zu sich. Mischen Sie das Trockenfutter mit Haferflocken, dieses „Kraftfutter" lässt die Kleinen prächtig gedeihen. Natürlich sollte auch immer genügend trockenes Heu zur Verfügung stehen.

Die kleinen Mümmelmänner sollten mindestens sechs Wochen alt sein, bevor sie abgegeben werden.

GUT ZU WISSEN

Wenn die Zibbe den Nachwuchs nicht annimmt, sollten Sie es mit einer „Leihmutter" versuchen, die ebenfalls gerade Junge hat. Nehmen Sie die Waisenkinder und reiben Sie sie vorsichtig am Nachwuchs der anderen Mutter, damit nehmen die fremden Jungtiere einen vertrauten Duft an. Waschen Sie sich vorher die Hände, damit kein Fremdgeruch an den Tierchen hängen bleibt. Legen sie dann alle Jungtiere gemeinsam in das Nest der Leihmutter. Vielleicht haben Sie und der ausgestoßene Nachwuchs Glück, und sie entpuppt sich als großherzige Mehrfachmami.

Internetadressen / Adressen / Literatur

Internetadressen

Es gibt jede Menge tolle Zwergkaninchen-Internetseiten. In den Suchmaschinen finden Sie viele Kaninchenliebhaber sowie Hobby- und Profizüchter, die anderen Zwergenfreunden online mit wertvollen Tipps zur Seite stehen. Hier nur eine kleine Auswahl:

www.zwergkaninchen.net
www.zwergkaninchen.de
www.kaninchenzucht.de
www.kanincheninfo.de
www.kaninchenonline.de
www.gartenundzoo24.de
www.zwergkaninchen-rassezucht.de
www.deutsche-rassenkaninchenzuechter.de
www.bundeskaninchenschau.de
www.tierschutzbund.de
www.zzf.de

(Der bede-Verlag ist nicht für
den Inhalt der Links verantwortlich!)

Adressen

Wer sich über regionale Kaninchenzüchter informieren möchte, kann sich an folgende Adresse wenden:

Zentralverband Deutscher Kaninchenzüchter e.V.
Krefelderstraße 130, 41063 Mönchengladbach
(www.deutsche-rassenkaninchenzuechter.de)

Ein Tierheim in Ihrer Nähe kann Ihnen der Deutsche Tierschutzbund nennen:
Deutscher Tierschutzbund e.V., Baumschulenallee 15, 53115 Bonn, Deutschland (www.tierschutzbund.de)

Informationen rund um Haustiere und über Zoofachgeschäfte erteilt:
Zentralverband Zoologischer Fachbetrieb e.V.,
Postfach 1420, 63204 Langen

Literatur

Dominik Kieselbach, Mein erstes Streicheltier zu Hause, bede-Verlag;
Monika Wegler und Renate Holzner, Mein Zwergkaninchen und ich, Gräfe und Unzer Verlag;
Zwergkaninchen, wissen, was dem Tier gut tut, Kosmos Verlag;
Monika Wegler, Das Zwergkaninchen. Artgerecht halten. Gesund ernähren. Richtig verstehen, Gräfe und Unzer Verlag;
Rüdiger Herrscher, Mit Zwergkaninchen leben, Landbuch Verlag;
Michael Mettler, Alles über Zwergkaninchen (Ein Herz für Tiere), Falken Verlag;
Alois Weber, Kaninchen, Homöopathie und Kräuteranwendung, Ennsthaler Verlag;
Siegfried Matthes, Kaninchenkrankheiten. Krankheiten erkennen, vorbeugen, behandeln, Oertel und Spörer Verlag;
Johannes Winkelmann, Hans-Jürgen Lammers, Kaninchenkrankheiten, Ulmer Verlag;
Karl Weißenberger, Lehrmeister Bücherei, Kaninchenställe, Landbuch Verlag;
Lothar Thormann, Kaninchenställe und Stallanlagen, Selbstbauen leicht gemacht, Oertel und Spörer Verlag;

Bildnachweis:
Alle Bilder Christine Steimer